بانگِ درا

علامہ اقبال کی شاعری کا انتخاب

카라반의 종소리

- 이끄발 시선집 -

이 책은 2017년 정부(교육부)의 재원으로 한국연구재단의 지원을 받아 수행된 연구임(NRF-2017S1A6A3A02079749).

This work was supported by the National Research Foundation of Korea Grant funded by the Korean Government(NRF-2017S1A6A3A02079749).

بانگِ درا

علامہ اقبال کی شاعری کا انتخاب

카라반의 종소리

- 이끄발 시선집 -

옮긴이 김용정 고태진 최종찬

인도의 대전환 총서 — 004

HU:iNE

IIS 인도연구소

머리말

시인이자 사상가인 무하마드 이끄발(Muhammad Iqbal, 1877-1938)은 영국 식민치하 인도에서 애국심을 고취시킨 민족 시인이자 이슬람교도를 위해 이상향을 제시한 사상가로 파키스탄에서 정신적인 아버지로 추앙된다. 이끄발은 우르두어와 페르시아어로 엮은 여러 권의 시집을 통해 주옥 같은 시들을 발표하였다. 그의 문학세계에는 식민지 인도의 시대상과 시인 자신의 철학과 사상이 투영되어 있다.

식민지 지식인으로 지녔던 애환과 더불어 인간의 삶과 우주를 통찰한 시인의 철학 사상을 풍부하게 담은 대표적인 시들을 선별하여 이 시선집에 수록하였다. 《카라반의 종소리(Bāṅg-e-Darā)》와 《가브리엘의 날개(Bāl-e-Jibrīl)》에서 모두 20편의 시를 선별하여 담았다. 그리고 대부분의 편수와 대표작을 담고 있는 '카라반의 종소리'를 이 번역 시집의 제목으로 올렸다.

1905년 이전부터 1923년까지 창작한 시들을 모아 1924년에 출판된 대표적인 우르두어 시집《카라반의 종소리》에 수록된 시들 중에서 19편을 선정하였다. 이를 위해서 무하마드 이끄발의《카라반의 종소리》와 크와자 따리크 마흐무드(Khwaja Tariq Mahmood)의《이끄발의 시선집(Peotry of Allmam IQBAL)》을 저본으로 삼아 번역하였다.

1905년 이전 작품들 중에 <히말라야(Himālā)>, <미르자 갈립(Mirzā Ghālib)>, <초와 나방(Śamā va Paravānā)>, <강의 물결(Mauj-e-Dariyā)>, <고통의 그림(Tasvīr-e-Dard)>, <인도의 노래(Tarānā-e-Hindī)>, <반딧불(Juganū)>, <새벽의 별(Subah kā Sitārā)>, <새로운 신전(Nayā Śivālā)>, <라비 강가에서(Kinār-e-Rāvī)> 는 목가적이고 애국충절을 드러낸 작품들이다. <라비 강가에서>는 12연 2행시인데 그 중 선율이 아름다운 8연(1·3·4·5·9·10·11·12)을 선별하여 수록하였다.

1905년부터 1908년까지 발표된 작품들 중에 <아름다움의 실상(Haqīqat-e-Husn)>, <새벽별(Akhtar-e-Subah)>, <별들의 회합(Bazm-e-Aṃjum)>, <달과 별들(Cānd aur Tāre)>, <인간 자연의 이 무정함이 어이없네(Insān Qudarat kā Ajīb Yah Sitam Hai)>는 시인이 서구의 이성주의와 실용주의에 대해 찬동하면서도 물질주의와 편협한 민족주의에 대해 실망을 했던 시기에 쓰여진 것으로, 이슬람의 정신과 이상향을 잘 반영하고 있다.

1908년부터 1923년까지 발표된 작품들 중에 <별(Sitārā)>, <인간(Insān)>, <불평(Śikavā)>과 <불평에 대한 답변(Javāb-e-Śikavā)>을 수록하였다. 1909년 창작된 31연 6행시인 <불평> 중에서 수려한 10연(1·2·4·5·6·11·12·13·16·17)을 선별하였고, 1913년에 발표된 <불평에 대한 답변>은 본래 35연 6행시인데 그 중에서 주옥 같은 10연(1·2·3·5·6·7·9·13·17·20)을 선별하였다. 끝으로《가브리엘의 날개》에 실린 <별들 너머에는 세상이 더 있지(Sitāroṃ se Āge aur Jahāṃ bhī

Haiṃ)> 를 선정하였다.

우르두어 시문학 공부 모임을 통해 접한 우르두어 문학의 사상의 깊이와 감성의 전율이 책으로 담겨질 수 있도록 해주신 인도연구소 인문한국플러스(HK+) 사업단과 지식출판콘텐츠원 정준희 선생님께 감사의 인사를 전한다.

역자 일동

목 차

1부
1905년 이전

히말라야

Himālā

بانگِ درا

علامہ اقبال

히말라야

오 히말라야여[1]! 오 힌두스딴 국가의 성채여!
하늘이 고개 숙여 그대 이마에 입맞춤하네
그대에겐 오랜 세월의 흔적이 남아 있지 않네
그대는 언제나 젊네 아침과 저녁의 교차 속에서
모세에게 시나이 산[2]은 한줄기 광휘였네
안목있는 자에게 그대는 빛의 화신이라네

육안으로 보면 그대는 분명 산맥이네
우리의 파수꾼이네 그대는, 힌두스딴의 성벽이네
그대는 한 권의 시집이네 그 첫구절은 하늘이라네
그대는 우리를 가슴의 저편 외딴 곳에 눕혀주네

1) 히말라야는 눈을 뜻하는 '힘'과 처소를 뜻하는 '알라야'가 합쳐진 복합어로서 '눈의 거처'을 의미한다.
2) 원어 '뚜르 에 시나'를 시나이 산으로 번역하였다. '뚜르'는 원래 산을 의미하는데 시나이 산을 의미하기도 한다.

만년설로 영예의 터번을 두른 그대는
웃음을 던지네 태양의 왕관에게 세상을 비추는

그대 속에는 유장한 과거의 시간이 담겨 있네
그대의 계곡 계곡에 먹구름들이 천막을 치네
그대의 봉우리들은 칠성과[3] 함께 시의 음계를[4] 이루네
그대는 땅에 있지만 그대의 나라는 드넓은 하늘이네
그대 산자락의 호수는 흐르는 거울이네
바람결의 끝자락이 수면을 문지르네

구름 속의 말에게 봉우리의 벼락이
바람처럼 내달려라, 채찍을 가하네
오 히말라야여! 그대 또한 하나의 놀이터이니
오원소를[5] 위해 자연의 손이 예비한 것이네
오, 기쁨 충만하여 구름이 휘젓고 가네
족쇄 풀린 코끼리처럼 휘날려 가네

아침에 부드럽게 흔들리는 바람결은 요람이 되네
존재에 취하여 모든 꽃봉오리가 흔들리네
꽃봉오리의 침묵이 꽃잎의 혀로 말하네
꽃 꺾는 정원사의 손을 본적이 없어요
나의 침묵이 나의 이 이야기를 말하고 있어요

---

3) 아랍 사람들은 일곱 개의 별을 찬양했다. 심지어 까바 신전도 토성을 찬양하던 집이었다는 주장도 있다.
4) 인도는 우리와 다르게 칠음 음계인 사(sa), 리(ri), 가(ga), 마(ma), 파(pa), 다(dha), 니(ni)로 이루어져 있다.
5) 오원소는 흙, 공기, 불, 물, 에테르를 의미한다.

나의 집은 외로운 외딴 곳, 자연이 머무는 곳이지요

산의 높은 곳에서 노래하며 강물이 흘러내리네
천국의 꼬사르[6] 강과 따스님[7] 강의 물결을 당혹케 하네
자연의 아름다움에게 거울처럼 비추어 주면서
가는 길에 돌을 피하면서 때론 부딪히면서
연주하며 흘러가거나 흥 돋우는 악기를
오 나그네여! 가슴이 감상하네 그대의 선율을

밤의 라일라가[8] 땋은 머리를 풀어 내릴 때
폭포수 소리가 그녀 마음의 끝자락을 잡아당기네
밤의 고요 그 적막에 언어가 넋을 잃네
나무들은 사색의 공간에 들어가네
흔들리며 맴도네 산등성이로 저녁 노을이
황홀하게 번지네 그대 뺨에 붉은 연분이

오 히말라야여! 그때의 일들을 몇몇 들려주게
인류의 조상이 정착했을 때 그대의 기슭에
몇몇 말해주게 그때의 순박한 생의 이야기들을

---

6) 꼬사르는 천국의 연못 또는 강을 의미한다.
7) 따스님은 천국의 강 또는 해협를 의미한다.
8) 라일라는 이슬람 문화에서 천사처럼 아름다운 여인으로 이룰 수 없는 사랑의 대상의 전형이다. 라일라와 마즈눈의 유명한 사랑이야기는 12세기 페르시아 시인 니자미의 서사시 <마즈눈과 라일라>에 등장한다. 사회적 제약과 부모의 반대로 카이스라는 청년과 라일라는 안타까운 이별을 하게 되는데, 이후 사막을 헤매며 반나체의 광인처럼 살아가는 까이스는 자신의 이름 대신 광인이란 의미를 지닌 '알-마즈눈'으로 불리게 된다. 이렇게 라일라와 마즈눈은 각각 사랑의 대상과 사랑의 순교자를 가르키는 대명사가 되어 페르시아 시인들과 수피 시인들 사이에 널리 사용되었다.

흙터를 분칠하지 않은 꾸밈 없는 삶을

그래 보여주게 오 상상력이여! 다시금 그 아침과 저녁을 그대는

달려라 뒤로 오, 시간을 거슬러 그대는

(Bāṅg-e-Darā, 1)

<히말라야>는 2행연구 24연 운문시이다. 이 시는 1901년 4월 문예지 《보고(寶庫)》를 통해 발표되었으며, 1924년 이끄발의 최초의 우르두어 시집 《카라반의 종소리》에 첫 번째 작품으로 수록되었다. <히말라야>는 설산 지대에 위치한 시알코트에서 태어난 작가가 눈 앞에 펼쳐진 히말라야의 아름다움을 생동감 있게 감각적으로 그린 작품이다. 히말라야를 조물주의 창조물로 경이롭고 신비하게 받아들이는 시선이 작품 전반에 서정적으로 흐른다.

ہمالہ

اے ہمالہ! اے فصیل کشور ہندوستاں
چومتا ہے تیری پیشانی کو جھک کر آسماں
تجھ میں کچھ پیدا نہیں دیرینہ روزی کے نشاں
تو جواں ہے گردش شام و سحر کے درمیاں
ایک جلوہ تھا کلیم طور سینا کے لیے
تو تجلی ہے سراپا چشم بینا کے لیے

امتحان دیدئہ ظاہر میں کوہستاں ہے تو
پاسباں اپنا ہے تو، دیوار ہندستاں ہے تو
مطلع اوّل فلک جس کا ہو وہ دیواں ہے تو
سوئے خلوت گاہ دل دامن کش انساں ہے تو
برف نے باندھی ہے دستار فضیلت تیرے سر
خندہ زن ہے جو کلاہ مہر عالمتاب پر

تیری عمر رفتہ کی اک آن ہے عہد کہن
وادیوں میں ہیں تری کالی گھٹائیں خیمہ زن
چوٹیاں تیری ثریا سے ہیں سرگرم سخن
تو زمیں پر اور پہنائے فلک تیرا وطن
چشمۂ دامن ترا آئینۂ سیال ہے
دامن موج ہوا جس کے لیے رومال ہے

ابر کے ہاتھوں میں رہوار ہوا کے واسطے
تازیانہ دے دیا برق سر کہسار نے

اے ہمالہ کوئی بازی گاہ ہے تو بھی، جسے
دست قدرت نے بنایا ہے عناصر کے لیے
ہائے کیا فرط طرب میں جھومتا جاتا ہے ابر
فیل بے زنجیر کی صورت اڑا جاتا ہے ابر

جنبش موج نسیم صبح گہوارہ بنی
جھومتی ہے نشہ ہستی میں ہر گل کی کلی
یوں زبان برگ سے گویا ہے اس کی خامشی
دست گلچیں کی جھٹک میں نے نہیں دیکھی کبھی
کَہ رہی ہے میری خاموشی ہی افسانہ مرا
کنج خلوت خانۂ قدرت ہے کاشانہ مرا

آتی ہے ندی فراز کوہ سے گاتی ہوئی
کوثر و تسنیم کی موجوں کو شرماتی ہوئی
آئنہ سا شاہد قدرت کو دکھلاتی ہوئی
سنگ رہ سے گاہ بچتی گاہ ٹکراتی ہوئی
چھیڑتی جا اس عراق دل نشیں کے ساز کو
اے مسافر دل سمجھتا ہے تری آواز کو

لیلی شب کھولتی ہے آ کے جب زلف رسا
دامن دل کھینچتی ہے آبشاروں کی صدا
وہ خموشی شام کی جس پر تکلم ہو فدا
وہ درختوں پر تفکر کا سماں چھایا ہوا
کانپتا پھرتا ہے کیا رنگ شفق کہسار پر
خوشنما لگتا ہے یہ غازہ تری رخسار پر

اے ہمالہ! داستاں اس وقت کی کوئی سنا
مسکن آبائے انساں جب بنا دامن ترا
کچھ بتا اس سیدھی سادی زندگی کا ماجرا
داغ جس پر غازۂ رنگ تکلف کا نہ تھا
ہاں دکھا دے اے تصور پھر وہ صبح و شام تو
دوڑ پیچھے کی طرف اے گردش ایام تو

Himālā

ai-Himālā ! ai-fasīl kiśavare hindustāṃ
cūmatā hai jhuka ke paiśānī ko tere āsmāṃ
tujh meṃ kuch paidā nahīṃ derīnā rozī ke niśāṃ
tū javāṃ hai gardiśe śām-va-sahar ke daramiyāṃ
    ek jalavā thā kalīma tūr-e-sīnā ke liye
    tū tajallī hai sarāpā caśma-e-bīnā ke liye

imtehāṃ dīdā zāhir meṃ kohistāṃ hai tū
pāsabāṃ apanā hai tū dīvāra-e-hindustāṃ hai tū
matalā-e-avval falak jisakā ho vo dīvāṃ hai tū
sue ilavat gāh dil dāman kaś-e-insāṃhai tū
    barf ne bāndhī hai dasatāre fazīlat tere sar
    khandā zan hai jo kulāh-e-mahar ālamatāb par

terī umar-e-rafatā kī ik ān hai ahd-e-kuhan
vādiyoṃ meṃ haiṃ terī kālī ghaṭāyeṃ khaimā zan
coṭiyām terī surayyā se haiṃ saragarme sukhan
tū zamīṃ par aur pahanāye falak terā vatan
    caśma-e-dāman terā āīnā saiyāl hai
    dāmane mauj-e-havā jisake liye rūmāl hai

abra ke hāthoṃ meṃ rāhavār havā ke vāste
tāziyānā de diyā barq-e-sar kohasār ne
ai-himālā ! koī bāzī gāh hai tū bhī jise

dast-e-qudarat ne banāyā hai anāsir ke liye
hāye kyā farte-e-tarab jhūmatā jātā hai abr
fīl be-zañjīr kī sūrat uḍā jātā hai abr

jumbiś e moj e nasīm e subah gahavārā bānī
jhūmatī hai naśā e hastī maiṃ har gul kī kalī
yoṃ zabān e barg se goyā hai usakī khāmuśī
dast e gulacīṃ kī jhaṭak maiṃne nahiṃ dekhī kabhī
kah rahī hai merī khāmośī yah afasānā mirā
kuñj e khilavat khānā-e-khudarat hai kāśānā mirā

ātī hai nadī farāz-e-koh se gātī huī
kausar-e-tasnīm kī maujoṃ ko śarmātī huī
āīnā-sā śāhid-e-qudarat ko dikhalātī huī
saṅg-e-rah se gāh bacatī gāh ṭakarātī huī
cheḍatī jā is irāq-e-dilanaśīṃ ke sāz ko
ai musāfir ! dil samajhatā hai terī āvāz ko

lailī-e-śab kholatī hai āke jab zulf-e-rasā
dāman-e-dil khīñcatī hai ābaśāroṃ kī sadā
vah khamośī śām kī jis par takallum ho fidā
vah darkhtoṃ par tafakkur kā samāṃ chāyā huā
kāṃpatā phiratā hai kyā raṅg-e-śafaq kohasār par
khuśanumā lagatā hai ye ghāzā tere rukhasār par

ai-himālā ! dāstāṃ us vaqt kī koī sunā

maskane ābā-e-insāṃ jab banā dāman terā
kuch batā us sīdhī sādī zindagī kā mājarā
dāg̱ha jis par g̱hāz-e-raṅg takalluf kā na thā
hāṃ dikhā de ai-tasavvur ! Phir vo subah-o-śāma tū
dauḍ pīche kī tarf ai-gardiśe-ayyām tū

미르자 갈립

Mirzā Ghālib

بانگِ درا

علامہ اقبال

미르자 갈립

당신의 존재로 인간의 사고력에 서광이 비쳤어요
상상의 날개가 어디까지 도달할 수 있는지 보여줬어요
당신은 온전히 영혼이었고 당신의 몸은 시집이었어요
모임[1]의 장식이면서 모임의 중심이었지요
　　　당신의 눈은 찾아냈지요 아름다움의 모습을
　　　삶의 열정이 되어 모든 것에 깃들어 있음을

삶의 향연은 당신의 하프로 풍요로워졌지요
산의 고요가 강의 노래들로 감싸이듯이요
당신이 마음에 그려본 정원으로 자연의 꽃이 피어나지요
당신이 상상한 파종으로 세상이 푸르게 덮이지요
　　　인생이 담겨 있어요 당신의 풍자에는
　　　말을 아끼며 움직이네요 묘사하는 입술은

1) 모임은 시인들의 낭송회를 일컫는다.

언어는 당신의 놀라운 입술로 대단한 긍지를 느껴요
태양은 당신의 드높은 비상에 경탄하고요
주제를 암시하는 은혜를 당신의 문체는 베풀어요
델리의 꽃봉오리가 시라즈[2]의 꽃에 웃음을 짓네요
　　　아, 당신은 안식에 들었네요 델리의[3] 폐허에서
　　　당신의 동지가 잠들어 있네요 바이마르[4]의 정원에서

시의 기법에서 당신과 겨룰 자 없지요
사고와 상상이 완벽히 함께 한다면 모르지만요
아, 지금 힌두스딴의 영토는 내일이 없네요
오, 우리의 눈은 예리하게 현상을 보아야 하네요
　　　우르두어의 댕기머리는 지금 빗질을 원해요
　　　촛불, 이 정신나간 불타는 심장은 나방이네요

오 우리가 사는 땅이여! 학문과 예술의 요람이여!
당신의 문과 테라스는 아우성이 전혀 들리지 않네요
당신의 티끌과 티끌에는 태양과 달이 잠들어 있네요
이처럼 당신의 먼지 속에는 수십만 개의 보석이 숨겨져 있네요
　　　당신의 땅에 갈립만한 어떤 시대의 영광이 묻혀 있나요?
　　　당신의 땅에 갈립만한 어떤 빛나는 진주가 숨겨져 있나요?

---

2) 시라즈는 이란의 도시로서 시인, 술, 정원, 지빠귀새와 꽃으로 유명하다. 또한 12세기와 13세기 무렵 풍미했던 사디와 같은 위대한 시인을 배출한 이란 문화의 중심지이다.
3) 델리의 하즈라뜨 니잠무딘에 미르자 갈립의 무덤이 있다.
4) 바이마르는 독일 튀링겐 주에 있는 문화 도시로서 괴테와 쉴러, 니체, 헤르더 등 출중한 인물들이 활동한 고전문학의 중심지이다. 바이마르의 한 묘지에 괴테가 잠들어 있다.

(Bāṅg-e-Darā, 4)

<미르자 갈립>은 무갈제국의 마지막 황제 바하두르 샤 자파르의 궁정시인 미르자 갈립(1791-1869)에 대한 송가이다. 멸망해가던 무갈제국의 역사의 뒤안길을 살아낸 산 증인이자 이슬람 문학계의 거목인 미르자 갈립의 회상을 통해, 인도의 찬란했던 과거의 영광과 식민지인으로서의 현실인식과 애환을 애국주의 감성으로 토로한다.

مرزا غالب

فکر انساں پر تری ہستی سے یہ روشن ہوا
ہے پر مرغ تخیل کی رسائی تا کجا
تھا سراپا روح تو، بزم سخن پیکر ترا
زیب محفل بھی رہا، محفل سے پنہاں بھی رہا
دید تیری آنکھ کو اس حسن کی منظور ہے
بن کے سوز زندگی ہر شے میں جو مستور ہے

محفل ہستی تری بربط سے ہے سرمایہ دار
جس طرح ندی کے نغموں سے سکوت کوہسار
تیرے فردوس تخیل سے ہے قدرت کی بہار
تیری کشت فکر سے اگتے ہیں عالم سبزہ وار
زندگی مضمر ہے تیری شوخی تحریر میں
تاب گویائی سے جنبش ہے لب تصویر میں

نطق کو سو ناز ہیں تیرے لب اعجاز پر
محو حیرت ہے ثریا رفعت پرواز پر
شاہد مضموں تصدق ہے ترے انداز پر
خندہ زن ہے غنچۂ دلّی گل شیراز پر
آہ! تو اجڑی ہوئی دلّی میں آرامیدہ ہے
گلشن ویمر میں تیرا ہم نوا خوابیدہ ہے

لطف گویائی میں تیری ہمسری ممکن نہیں
ہو تخیل کا نہ جب تک فکر کامل ہم نشیں

ہائے! اب کیا ہو گئی ہندوستاں کی سر زمیں
آہ! اے نظارہ آموز نگاہ نکتہ بیں
گیسوئے اردو ابھی منّت پذیر شانہ ہے
شمع یہ سودائی دل سوزی پروانہ ہے

اے جہان آباد! اے گہوارۂ علم و ہنر
ہیں سراپا نالۂ خاموش تیرے بام و در
ذرّے ذرّے میں ترے خوابیدہ ہیں شمس و قمر
یوں تو پوشیدہ ہیں تیری خاک میں لاکھوں گہر
دفن تجھ میں کوئی فخرروزگار ایسا بھی ہے
تجھ میں پنہاں کوئی موتی آبدار ایسا بھی ہے

Mirzā Ghālib

fikar-e-insāṃ par terī hastī se yah rośan huā
hai par murgh-takhayyul kī rasāī tā kujā
thā sarāpā rūh to bazm-e-sukhan paikar terā
zeb-e-mahafil bhī rahā mahafil se panhāṃ haī rahā
    dīd terī āṃkh ko is husn kī mañzūr hai
    ban ke soz-e-zindagī har śai meṃ jo mastūr hai

mahafil hastī terī barabat se hai saramāyā dār
jis tarah nadī ke naghamoṃ se sukūt-e-kohasār
terī firadaus takhayyul se hai qudarat kī bahār
terī kiśt-e-fikar se ugate haiṃ ālam sabazā vār
    zubdagī muzamir hai terī śokhī-e-taharīr meṃ
    tāb goyāī se jumbiś hai lab-e-tesvīr meṃ

nutq ko sau nāz haiṃ tere lab-e-ejāz par
mahave hairat hai surayyā rifaat-e-paravāz par
śāhid mazamūṃ tasadduq hai tere aṃdāz par
khandā zan hai ghunacā-e-dillī gul-e-śīrāz par
    āh ! tū ujaḍī huī dillī meṃ ārāmīdā hai
    gulaśan-e-dīmar meṃ terā ham navā khvābīdā hai

lutfe goyāī meṃ terī hamasarī mumakin nahīṃ
ho takhayyul kā na jab tak fikra kāmil hamanaśīṃ
hāya ! ab kyā ho gaī hindustāṃ kī sarazamīṃ !

āh ! Au bazārā āmoz nigāh nuktā bīṃ !

gesū-e-urdu abhī mannat pazīr śānā hai

śamā yah saudāī dil sozī paravānā hai

ai-jahān ābād ! ai-gahavārā ilm-o-hunar

haiṃ sarāpā nālā khāmoś tere bām-o-dar

zarre-zarre meṃ tere khvābīdā haiṃ śams-o-qamar

yūṃ to pośīdā haiṃ terī khāk meṃ lākhoṃ guhar

dafan tujh meṃ koī fakhar-e-rozagārā aisā bhī haiṃ ?

tujh meṃ pinahām koī motī ābadār aisā bhi hai ?

초와 나방

Śamā va Paravānā

بانگِ درا

علامہ اقبال

초와 나방

오 초여[1]! 나방[2]은 왜 너를 염원하는가
이 생명은 왜 너에게 매료되어 안절부절 못하는가

너의 태도가 그에게 변덕스럽게 느껴졌는가
네가 그에게 사랑의 예법을 가르쳤는가

너의 불빛을 선회한다 나방이
네 눈빛에 끌려 불붙은 듯이

죽음의 고통 속에서 그는 영혼의 위안을 얻는가
너의 불꽃 속에 영원한 생이 있는가

1) 초는 인도 중세문학에서 전통적으로 사랑의 대상이 되는 연인 또는 신을 의미한다. 촛불은 연인에 대한 사랑을 의미한다.
2) 나방은 인도 중세문학에서 전통적으로 사랑하는 이를 위해서 자기 자신을 초(연인)의 불(사랑)에 뛰어들어 불태우는 이를 의미한다.

이 슬픈 세상에 없다면 너의 빛이
불타는 열정의 야자나무는 푸르지 않으리

네 앞에 쓰러지는 것이 그가 바라는 것이네
연약한 가슴 속 비가와 비감은 기쁨이라네

나방에겐 무언가 열정이 들어 있네 옛날의 아름다움을 사랑하는
조그만 시나이 산[3] 너는, 조그만 모세[4] 나방은

빛의 장관을 좇는 희열, 나방
가냘픈 곤충, 빛의 욕망

(Bāṅg-e-Darā, 14)

3) 코란에서 시나이 산은 모세가 십계명을 받은 약속의 땅으로 인정된다.
4) 코란에서 모세는 알라가 모든 민족에게 내려 보낸 예언자로 인정된다.

<초와 나방>은 인도 중세 문학에서 전통적으로 사용되는 소재인 초와 나방을 통해 사랑하는 연인에 대한 헌신적인 사랑과 알라 신에 대한 신애(信愛)의 감정을 표현한 전형적인 작품이다. 사랑을 위해 자신을 불태울 정도의 희생적이고 정열적인 사랑을 통해 참다운 사랑을 이룰 수 있다는 정신이 내재되어 있다.

شمع و پروانہ

پروانہ تجھ سے کرتا ہے اے شمع! پیار کیوں
یہ جانِ بے قرار ہے تجھ پر نثار کیوں

سیماب وار رکھتی ہے تیری ادا اسے
آدابِ عشق تو نے سکھائے ہیں کیا اسے

کرتا ہے یہ طواف تری جلوہ گاہ کا
پھونکا ہوا ہے کیا تری برقِ نگاہ کا؟

آزارِ موت میں اسے آرامِ جاں ہے کیا
شعلے میں تیرے زندگی جاوداں ہے کیا

غم جہاں میں جو تیری ضیا نہ ہو
اس تفتہ دل کا نخل تمنا ہرا نہ ہو

گرنا ترے حضور میں اس کی نماز ہے
ننھے سے دل میں لذتِ سوز و گداز ہے

کچھ اس میں جوشِ عاشق حسن قدیم ہے
چھوٹا سا طور تو، یہ ذرا سا کلیم ہے

پروانہ، اور ذوقِ تماشائے روشنی
کیڑا ذرا سا، اور تمنائے روشنی

Śamā va Paravānā

paravānā tujh se karatā hai ai śamā pyār kyoṃ
yah jān be qarār hai tujh par nisār kyoṃ

sīmāb vār rakhatī hai terī adā use
ādābe iśq tūne sikhāye haiṃ kyā use

karatā hai yah tavāfa terī jalavā gāh kā
phūṅkā huā hai kyā terī barqe nigāh kā

āzār maut meṃ use ārām jāṃ hai kyā
śaule meṃ tere zindagī jāvidāṃ hai kyā

g̲h̲amak̲h̲ānā-e-jahāṃ meṃ jo terī ziyā na ho
is tafatā dil kā nak̲h̲le tamannā harā nā ho

giranā tere huzūr meṃ usakī namāz hai
nanhe se dil meṃ lazzat soz-o-gudāz hai

kuch is meṃ joś āśiq-e-husne qadīm hai
choṭā śā tūr tū yah zarā sā kalīm hai

paravānā aur zauqe tamāśā-e-rośanī
kīḍā zarā sā aur tamammā-e-rośanī

강의 물결

Mauj-e-Dariyā

بانگِ درا

علامہ اقبال

강의 물결

들끓는 마음에 나는 출렁이네
빠르게 흐르는 수은처럼 나의 존재는 들썩임이네
물결이네 내 이름은, 바다가[1] 나에겐 목적지이네
결코 나한테 사슬이 되지 못하네 소용돌이는
물에서 바람처럼 되어 흐르네 나의 적토마는
물고기의 가시에 걸리지 않네 나의 옷자락은

나는 뛰어오르네 때론 만월에 끌려
힘차게 머리를 부딪네 때론 물가에
나그네로서 나는 목적지를 연모하네

---

1) 중세 인도문학에서 전통적으로 바다는 연인이 흠모하여 건너려고 하는 사랑을 의미한다. 신적인 사랑은 광대무변하나 일개 인간의 사랑은 단지 물 한 방울에 지나지 않는다. 바다의 파도는 연인이 신에게로 가는 여정 가운데 겪어야 할 어려움을 의미한다.

왜 들썩이는지 질문한다면 누군가 나의 가슴에
강이 좁아 답답해 서둘러 간다네 나는
드넓은 바다와 떨어져 있어 초조하다네 나는

(Bāṅg-e-Darā, 31)

<강의 물결>은 사랑의 대상에 대한 정열적인 태도를 자연물을 통해 형상화한 작품이다. 일반적으로 사랑의 대상은 신, 예언자 또는 당시 일반 민중인 무슬림이 된다.

مو ج دریا

عین ہستی ہے تڑپ صورتِ سیماب مجھے
موج ہے نام مرا، بحر ہے پایاب مجھے
ہو نہ زنجیر کبھی حلقۂ گرداب مجھے
آب میں مثل ہوا جاتا ہے توسن میرا
خار ماہی سے نہ اٹکا کبھی دامن میرا

میں اچھلتی ہوں کبھی جذبِ مہ کامل سے
جوش میں سر کو پٹکتی ہوں کبھی ساحل سے
ہوں وہ رہرو کہ محبت ہے مجھے منزل سے
کیوں تڑپتی ہوں، یہ پوچھے کوئی میرے دل سے
زحمت تنگی دریا سے گریزاں ہوں میں
وسعت بحر کی فرقت میں پریشاں ہوں میں

Mauj-e-Dariyā

muztarib rakhatā hai merā dil-e-betāb mujhe
eain hastī hai taḍap sūrat sīmāb mujhe
mauj hai nām merā bahra hai pāyāb mujhe
ho na zaṅjīr kabhī halaq-e-garadāb mujhe
    āb meṃ misl-e-havā huā jātā hai tausan merā
    k̲h̲ār-e-māhi se na aṭakā kabhī dāmanā merā

maiṃ uchalatī hūṃ kabhī jazbā-e-kāmil se
jośmeṃ sar ko paṭakatī hūṃ kabhī sāhil se
hūṃ vo rahamo ke mohabbat hai mujhe maṅzil se
kyoṃ taḍapatī hūṃ yah pūche koī mere dil se
    zahamat taṅgī-e-dariyā se gurezām hūṃ maiṃ
    vusate bahar kī furaqat meṃ pareśāṃ hūṃ maiṃ

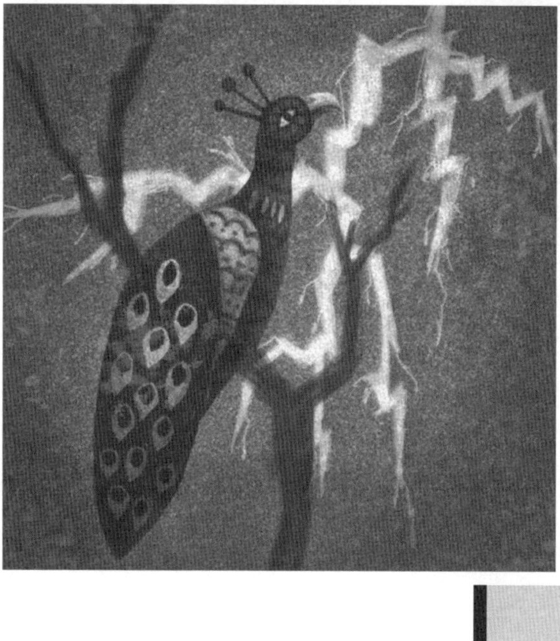

고통의 그림

Tasvīr-e-Dard

بانگِ درا

علامہ اقبال

고통의 그림

다양한 대화들 속에서 나는 대화의 능력을 얻었네
나는 높은 하늘의 새들과도[1] 말이 통하네

오 인도여! 그대의 모습이 나를 울리네
모든 이야기들 중에 그대의 것은 경각심을 일으키네

하늘이 번개들을 소매 안에 챙겨 두었으니
정원의 새들은 마음 놓고 둥지에 앉지 못하리

조국을 걱정하라, 우매한 자여! 큰일이 곧 닥칠 것이네
하늘에선 그대의 징벌이 논의되고 있다네

1) 높은 하늘의 새는 천사를 의미한다.

깨닫지 못하면, 인도인들아! 사라져 버릴 것이네
그대들의 이야기조차도 남지 않으리 역사에

자연의 이치가 이것이네 자연의 질서가 이것이네
행동에 나서는 자만이 자연의 친애를 받을 수 있네

(Bāṅg-e-Darā, 34)

<고통의 그림>은 애국 의지와 구국 충정이 강렬한 어조로 드러낸 대표적인 작품이다. 식민치하 인도에서 민중계몽과 민족자각을 이끄는 행동하는 지식인의 태도를 취하여, 이슬람의 범용적인 사랑과 동포애를 강조하며 힌두와 무슬림의 화합과 조화를 이끌어내어, 애국 충정을 토로하고 있다.

تصویر درد

عطا ایسا بیاں مجھ کو ہوا رنگیں بیانوں میں
کہ بامِ عرش کے طائر ہیں میرے ہم زبانوں میں

رلاتا ہے ترا نظارہ اے ہندوستاں! مجھ کو
کہ عبرت خیز ہے تیرا فسانہ سب فسانوں میں

چھپاکر آستیں میں بجلیاں رکھی ہیں گردوں نے
عنادل باغ کے غافل نہ بیٹھیں آشیانوں میں

وطن کی فکر کر ناداں! مصیبت آنے والی ہے
تری بربادیوں کے مشورے ہیں آسمانوں میں

نہ سمجھو گے تو مِٹ جاؤ گے اے ہندوستاں والو
تمھاری داستاں تک بھی نہ ہو گی داستانوں میں

یہی آئین قدرت ہے، یہی اسلوب فطرت ہے
جو ہے راہ عمل میں گام زن، محبوبِ فطرت ہے

Tasvīr-e-Dard

atā aisā bayāṃ mujhako huā raṅgīṃ bayānoṃ meṃ
ki bām-e-arś ke tāir haiṃ mere hamazabāṃ meṃ

rūlātā hai terā nazārā ai-hindustān mujhako
ke ibarat k̲h̲ez hai terā fasānā sab fasānoṃ meṃ

chupā kar āstīṃ meṃ bijaliyāṃ rakhī haiṃ gardūṃ ne
anādil bāg̲h̲ ke g̲h̲afil na baiṭhe āśiyānoṃ meṃ

vatan kī fikra kar nādāṃ ! musībat āne vālī hai
terī barabādiyoṃ ke maśvar haiṃ āsamānoṃ meṃ

na samajhoge to miṭa jāoge ai-hindustāṃ vāloṃ
tumhārī dāstāṃ tak bhī na hogī dāstānoṃ meṃ

yahī āīn-e-qudarat hai, yahī usalūb-e-fitrat hai
jo hai rāh-e-amal meṃ gāmazan mahabūb-e-fitrat hai

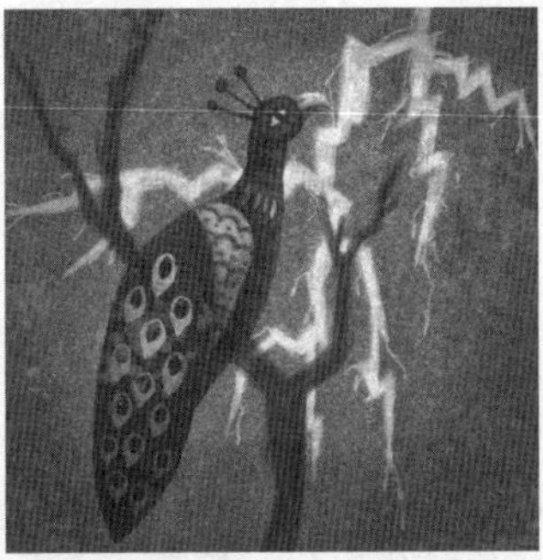

인도의 노래

Tarānā-e-Hindī

بانگِ درا

علامہ اقبال

인도의 노래

이 세상에 가장 좋은 우리의 힌두스딴
우리는 이땅의 지빠귀새, 이땅은 우리의 정원

타지에 있어도, 조국에 사네 마음은
우리가 마음을 둔 바로 그곳이라네 우리 나라는

가장 높은 그 산은 하늘의 이웃일세
그 산은 우리의 보초, 우리의 파수꾼일세

수천의 강들이 이 땅의 품에서 노니네
강의 숨결로 우리 정원을 천국이 부러워하네

오 갠지스의 강물이여! 기억하는가 그날을
그대의 기슭에 우리의 카라반이 멈춰선 날을

종교는 서로에 대한 증오를 가르치지 않네
우리는 인도인, 우리나라는 힌두스딴이라네

그리스, 이집트, 로마, 모두 세상에서 사라졌다네
그러나 우리의 이름과 깃발은 지금껏 남아 있다네

대견하지, 세상에서 우리의 존재 사라지지 않음이
수세기 지나는 동안 항상 있었지만 우리의 적들이

이끄발! 세상에 너를 아는 친구는 없다네
우리 내면의 고통은 누구도 알 수 없다네

(Bāṅg-e-Darā, 39)

<인도의 노래>는 1904년 8월 16일 주간잡지 《일치》를 통해 발표되었고, '세상에서 가장 좋은 곳'라는 제목으로도 불리어진다. 이 작품은 조국애와 동포애를 고무시키고 인도 통합과 대동단결을 강조한 당대 대표적인 애국시이다. 1945년에 라비 샹까르가 이 시에 음을 붙여 곡을 만들었고, 이 곡은 애국가의 지위를 비공식적으로 누리고 있으며 현재 인도 독립기념일 등에서 제창되곤 한다.

ترانہ ہندی

سارے جہاں سے اچھا ہندوستاں ہمارا
ہم بلبلیں ہیں اس کی یہ گلستاں ہمارا

غربت میں ہوں اگر ہم ،رہتا ہے دل وطن میں
سمجھو وہیں ہمیں بھی دل ہو جہاں ہمارا

پربت وہ سب سے انچا ، ہمسایہ آسماں کا
وہ سنتری ہمارا ، وہ پاسباں ہمارا

گودی میں کھیلتی ہیں اس کی ہزاروں ندیاں
گلشن ہے جن کے دم سے رشک جناں ہمارا

اے آب رودِ گنگا ! وہ دن ہیں یاد تجھ کو
اترا تیرے کنارے ، جب کارواں ہمارا

مذہب نہیں سکھاتا آپس میں بیر رکھنا
ہندی ہیں ہم ، وطن ہے ہندوستاں ہمارا

یونان و مصر روما سب مٹ گئے جہاں سے
اب تک مگر ہے باقی نام و نشاں ہمارا

کچھ بات ہے کہ ہستی متی نہیں جہاں سے
صدیوں رہا ہے دشمن دورِ زماں ہمارا

اقبال کوئی محرم اپنا نہیں جہاں میں
معلوم کیا کسی کو دردِ نہاں ہمارا

Tarānā-e-Hindī

sāre jahāṃ se acchā hindustān hamārā
ham bulabuleṃ haiṃ yah gulistān hamārā

gurubat meṃ hoṃ agar ham rahatā hai dil vatan meṃ
samajho vahīṃ hameṃ bhī dil ho jahāṃ hamārā

parbat vah sab me ūñcā hamasāyā āsamān kā
vah santarī hamarā vah pāsabāṃ hamārā

godī meṃ khelatī haiṃ is kī hazāroṃ nahiyāṃ
gulaśan hai jin ke dam se raśk jināṃ hamārā

ai āb rud-e-gaṃgā vah din hai yād tujh ko
utarā tere kināre jab kāravāṃ hamārā

mazahab nahīṃ sikhātā āpas meṃ bair rakhanā
hindī haiṃ ham vatan hai hindustān hamārā

yunān-va-misr romā sab miṭ gaye jahāṃ se
ab tak magar hai bākī nām va niśān hamārā

kuch bāt hai ki hastī miṭatī nahīṃ jahāṃ se
sadiyoṃ rahā hai duśman daur-e-zamāṃ hamārā

iqabāl koī maharam apanā nahiṃ jahāṃ meṃ
mālūm kyā kisī ko dard-e-nihāṃ hamārā

반딧불

Juganū

بانگِ درا

علامہ اقبال

반딧불

정원[1]의 유리 온실에 반딧불이 있는가
꽃밭에서 등불이 타고 있는가

하늘에서 어느 별이 날아 왔는가
달빛 속에서 생기가 일어났는가

밤의 제국에 낮의 사절이 왔는가
무명의 빛이 조국에 와서 희미하게 반짝거렸는가

달의 망토에서 어떤 옷장식이 떨어졌는가
태양의 복장에서 시퀸이[2] 빛났는가

---

1) 정원은 인도 중세문학에서 전통적으로 연인들이 만나고 대화하는 장소를 의미한다.
2) 시퀸(Sequin)은 반짝거리도록 옷에 장식으로 붙이는 작고 동그란 금속편이다.

이것은 오랜 세월의 아름다움이 숨겨진 한줄기 빛이었네
그것을 자연이 외딴 곳에서 무리 속으로 가져왔네

자그마한 달에는 어둠도 있고 빛도 있네
때론 월식에서 나오고 때론 월식에 들어가네

나방은 곤충이고 반딧불도 곤충이네
나방은 빛을 쫓고 반딧불은 온몸이 빛이네

자연은 세상의 모두에게 매력을 주었네
나방에겐 열을 주었고, 반딧불에겐 빛을 주었네

다채로운 멜로디를 내려주었네 혀가 없는 새에겐
꽃에겐 혀를 주었지만 침묵을 교육시켰네

황혼 빛 풍경의 아름다움이 사라져갈 때
이 요정을 빛나게 하여 잠시 생명을 주었네

새벽을 어여쁜 신부의 모습으로 치장했네
붉은 혼례복을 입히고 이슬의 거울을 주었네

그늘을 주었네 나무에겐 날음을 주었네 바람에겐
흐름을 주었네 물에겐 물결에겐 출렁임을 주었네

그러나 이러한 구별은 우리의 일이네
반딧불에게 낮이 우리한테는 밤이네

영원의 아름다움이 모든 것에서 보이네
사람에겐 언어이고 꽃봉오리에겐 피어남이네

하늘의 이 달은 시인의 가슴이네
저기 달빛이 있고 여기 고통의 괴로움이 있네

표현 수법에는 분명 술책이 들어 있네
나이팅게일의[3] 향기는 노래이고 꽃의 지저귐은 향기라네

다양함에 단일함의 비밀이 숨어 있네
반딧불의 반짝임이 꽃의 향기라네

이러한 구별이 어찌 소요로 이어지는가
모든 것에 잠겨 있는데 영원의 고요가

(Bāṅg-e-Darā, 40)

---

3) 나이팅게일 새는 인도 중세문학에서 전통적으로 연인을 사랑하는 이를 의미한다. 또는 연인을 칭송하는 작가 자신을 상징한다.

<반딧불>은 자연만물을 통해 내면세계를 통찰한 독보적인 작품이다. 작가의 세계관에 의하면 모든 존재에는 저마다의 아름다움이 내재되어 있으니 각각의 아름다움을 구분하는 것은 무의미하다. 동시에 어느 존재의 아름다움을 다른 것과 비교하여 우열을 논할 수도 없다고 노래한다.

جگنو

جگنو کی روشنی ہے کاشانۂ چمن میں
یا شمع جل رہی ہے پھولوں کی انجمن میں

آیا ہے آسماں سے اُڑ کر کوئی ستارہ
یا جان پڑ گئی ہے مہتاب کی کرن میں

یا شب کی سلطنت میں دن کا سفیر آیا
غربت میں آ کے چمکا، گمنام تھا وطن میں

تکمہ کوئی گرا ہے مہتاب کی قبا کا
ذرّہ ہے یا نمایاں سورج کے پیرہن میں

حسن قدیم کی یہ پوشیدہ اک جھلک تھی
لے آئی جس کو قدرت خلوت سے انجمن میں

چھوٹے سے چاند میں ہے ظلمت بھی روشنی بھی
نکلا کبھی گہن سے، آیا کبھی گہن میں

پروانہ اک پتنگا، جگنو بھی اک پتنگا
وہ روشنی کا طالب، یہ روشنی سراپا

ہر چیز کو جہاں میں قدرت نے دلبری دی
پروانے کو تپش دی، جگنو کو روشنی دی

رنگیں نوا بنایا مرغانِ بے زباں کو
گل کو زبان دے کر تعلیم خامشی دی

نظارۂ شفق کی خوبی زوال میں تھی
چمکا کے اس پری کو تھوڑی سی زندگی دی

رنگیں کیا سحر کو، بانکی دلھن کی صورت
پہنا کے لال جوڑا شبنم کی آرسی دی

سایہ دیا شجر کو، پرواز دی ہوا کو
پانی کو دی روانی، موجوں کو بے کلی دی

یہ امتیاز لیکن اک بات ہے ہماری
جگنو کا دن وہی ہے جو رات ہے ہماری

حسن ازل کی پیدا ہر چیز میں جھلک ہے
انساں میں وہ سخن ہے، غنچے میں وہ چٹک ہے

یہ چاند آسماں کا شاعر کا دل ہے گویا
واں چاندنی ہے جو کچھ، یاں درد کی کسک ہے

انداز گفتگو نے دھوکے دیے ہیں ورنہ
نغمہ ہے بوئے بلبل، بو پھول کی چہک ہے

کثرت میں ہو گیا ہے وحدت کا راز مخفی
جگنو میں جو چمک ہے، وہ پھول میں مہک ہے

یہ اختلاف پھر کیوں ہنگاموں کا محل ہو
ہر شے میں جبکہ پنہاں خاموشی ازل ہو

Juganū

juganū kī rauśanī hai kāśānā-e-caman meṃ
yā śamaa jal rahī hai phūloṃ kī aṃjuman meṃ

āyā hai āsamāṃ se uḍ kar sitārā
yā jān paḍ gaī hai mahatāb kiran meṃ

yā śab kī saltanat meṃ din kā safīr āyā
ghurbat meṃ ā ke camakā gumanām thā vatan meṃ

takmā koī girā hai mahatāb kī qabā kā
zarrā yā numāyāṃ sūraj ke pairahan meṃ

husn-e-qadīm kī ik pośīdā ye jhalak thī
le āī jis ko qudarat khalvat se aṃjuman meṃ

choṭe se cānd meṃ hai zulmat bhī rauśanī bhī
nikalā kabhī gahan se āyā kabhī gahan meṃ

paravānā ik pataṅgā juganū bhī ik pataṅgā
vo rośanī kā tālib yah rośanī sarāpā

har cīz ko jahāṃ meṃ qudarat ne dilabarī dī
paravāne ko tapiś dī juganū ko rośanī dī

raṅgīn navā banāyā murag͟hān-e-bezubāṃ ko
gul ko zubān de kara tālīm-e-k͟hāmuśī dī

nazārā-e-śafaq kī k͟hūbī zavāl meṃ thī
camakā ke is parī ko thoḍī sī zindagī dī

raṅgīṃ kiyā sahar ko bāṅkī dulahan kī sūrat
pahanā ke lāl joḍā śabanam kī ārasī dī

sāyā diyā śajar ko paravāz dī havā ko
pānī ko dī ravānī maujoṃ ko be-kalī dī

yah imatiyāj lekin ik bāt hai hamārī
juganū kā din vahī hai rāt hai hamārī

husn-e-azal kī paidā har cīza meṃ jhalak hai
insāṃ meṃ vo suk͟han hai g͟hunce meṃ vo caṭak hai

yah cānd āsamāṃ kā śāyara kā dil hai goyā
vāṃ cāndanī hai jo kuch, yāṃ dard kī kasak hai

aṃdāz-e-guftagu ne dhoke diye haiṃ varnā
nag͟hamā hai bū-e-bulabul bū phūl kī cahak hai

kasrat meṃ ho gayā hai vahadat kā rāz muk͟hfī
juganū meṃ jo camak hai vo phūl meṃ mahak hai

yah ik͟htilāf phir kyo haṅgāmoṃ kā mahal ho

har śai meṃ jabake panahāṃ k͟hamośī-e-azal ho

새벽의 별

Subah kā Sitārā

بانگِ درا

علامہ اقبال

새벽의 별

해와 달과 동행하는 즐거움을 내가 버릴소냐
새벽의 소식을 전하는 이 임무를 버릴소냐

나는 권한이 없네 별들의 거처가 좋다 할
이 창공의 높음보다 땅의 낮음이 더 좋다 할

하늘은 머무를 수 없는 나의 조국이네
새벽녘은 수천 갈래 찢어진 나의 수의네

내 팔자에 들어 있네 매일 죽기와 살기
저승사자가 먹여주는 술을 마시기

이 임무 이 명예 이 존엄 다 부질없네
이 순간의 빛남보다는 어둠이 좋네

내가 할 수만 있었다면 별이 되지는 않았을텐데
바다의 궁전에서 반짝이는 진주가 되었을텐데

거기서 또한 마음이 불안했다면 파도의 휩쓸림에
바다를 떠나 누군가의 목에서 빛났을텐데

그러나 이런 것들의 앞날은 세상에서 스러지는 것이라네
오, 그윽이 빛나는 진주의 결말은 스러지는 것이라네

만일 이것이 결말이라면 세상의 장식이 되리라
내 이슬 되어 어느 꽃 위에 떨어지리라

(Bāṅg-e-Darā, 41)

<새벽의 별>은 소멸의 슬픔과 일상의 고단함과 인생의 허무함을 새벽에 지는 별에 빗대어 노래한 것으로 생멸의 이치, 우주순환의 원리, 적극적인 삶의 의지가 아름답게 표현되어 있다.

صبح کا ستارہ

لطف ہمسایگی شمس و قمر کو چھوڑوں
اور اس خدمت پیغام سحر کو چھوڑوں

میرے حق میں تو نہیں تاروں کی بستی اچھی
اس بلندی سے زمیں والوں کی پستی اچھی

آسماں کیا، عدم آباد وطن ہے میرا
صبح کا دامن صد چاک کفن ہے میرا

میری قسمت میں ہے ہر روز کا مرنا جینا
ساقی موت کے ہاتھوں سے صبوحی پینا

نہ یہ خدمت، نہ یہ عزت، نہ یہ رفعت اچھی
اس گھڑی بھر کے چمکنے سے تو ظلمت اچھی

میری قدرت میں جو ہوتا تو نہ اختر بنتا
قعر دریا میں چمکتا ہوا گوہر بنتا

واں بھی موجوں کی کشاکش سے جو دل گھبراتا
چھوڑ کر بحر کہیں زیب گلو ہو جاتا

ایسی چنروں کا مگر دہر میں ہے کام شکست
ہے گہر ہائے گراں مایہ کا انجام شکست

ہے یہ انجام اگر زینت عالم ہو کر
کیوں نہ گر جاؤں کسی پھول پہ شبنم ہو کر

Subah ka Sitārā

lutf hamasāyegī śams-o-qamar ko choḍūṃ
aur is khidamate paighām-e-sahar ko choḍūṃ

mere haq meṃ to nahīṃ tārom kī bastī acchī
is bulandī se zamīṃ vāloṃ kī pastī acchī

āsmāṃ kyā adam ābād vatan hai merā
subah kā dāman sad-e-cāk kafan hai merā

merī qismat meṃ har roz kā maranā jīnā
sāqī maut ke hāthoṃ se sabūhī pīnā

na yah khidamat na yah izzat na yah rifaat acchī
is ghaḍī bhar ke camakane se to yah zulmat acchī

merī kudarat meṃ jo hotā to na akhtar banatā
qasre dariyā meṃ camakatā huā gauhar banatā

vāṃ bhī maujoṃ kī kaśākaś se jo dil ghabarātā
choḍ kar bahar kahīṃ zeb gulū ho jātā

aisī cīzoṃ kā magar dahar meṃ hai kāmā śikast
hai guhar hāye gaharā mumāyā kā aṃjām śikast

hai yah aṃjām agar zīnat-e-ālam hokar
kyoṃ na gir jāuṃ kisī phūl pe śabanam hokar

새로운 신전

Nayā Śivālā

بانگِ درا

علامہ اقبال

새로운 신전

사실을 말할까요 브라흐만이여, 노여워 마세요
그대 신전의 신상은 낡았어요

서로 반목하는 것을 그대는 신상한테 배웠지요
신이 설교자들에게 다툼과 분쟁을 가르쳤지요

결국 나는 진저리 나서 사원과 메카를 버렸어요
설교자의 설교를 버렸어요 당신의 말씀을 버렸어요

그대에겐 돌로 된 신상이 신이지요
나에게는 조국 땅의 모든 티끌이 신인데요

오세요 낯가림의 장막을 다시 한번 걷어 버리고요
분리된 것을 다시 합치고요 둘이었던 흔적을 지우지요

오래 전부터 마음의 거처가 쓸쓸했어요
오세요 새로운 신전을 하나 이 나라에 만들지요

세상의 성지들보다 더 높이지요 우리 성지를
하늘의 끝자락과 신전의 지붕을 맞닿게 하지요

매일 아침 일어나 읊어요 감미로운 주문을
모든 사제들에게 사랑주를 마시게 하지요

능력도 평화도 구도자의 노래에 있어요
이 땅 사람들의 구원은 사랑에 있어요

(Bāṅg-e-Darā, 43)

<새로운 신전>은 식민지 인도의 표리부동한 힌두 사제들과 위선적인 무슬림 설교자들의 작태를 혹독하게 비판하고 종교를 초월한 사랑의 진리를 통해 민족애와 통합과 단결을 기원한 작품이다.

نیا شوالا

سچ کَہ دوں اے برہمن! گر تو برا نہ مانے
تیرے صنم کدوں کے بت ہو گئے پرانے

اپنوں سے بیر رکھنا تو نے بتوں سے سیکھا
جنگ و جدل سکھایا واعظ کو بھی خدا نے

تنگ آ کے میں نے آخر دیر و حرم کو چھوڑا
واعظ کا وعظ چھوڑا، چھوڑے ترے فسانے

پتھر کی مورتوں میں سمجھا ہے تو خدا ہے
خاکِ وطن کا مجھ کو ہر ذرّہ دیوتا ہے

آ، غیریت کے پردے اک بار پھر اٹھا دیں
بچھڑوں کو پھر ملا دیں نقش دوئی مٹا دیں

سونی پڑی ہوئی ہے مدت سے دل کی بستی
آ، اک نیا شوالا اس دیس میں بنا دیں

دنیا کے تیرتھوں سے اونچا ہو اپنا تیرتھ
دامانِ آسماں سے اس کا کلس ملا دیں

ہر صبح اُٹھ کے گائیں منتر وہ مٹیھے مٹیھے
سارے پجاریوں کو مے پیت کی پلا دیں

شکتی بھی، شانتی بھی بھگتوں کے گیت میں ہے
دھرتی کے باسیوں کی مُکتی پریت میں ہے

Nayā Śivālā

sac kah dūṃ ai barahaman gar tū burā na mane
tere sanam-qadoṃ ke but ho gae purāne

apanoṃ se bair rakhanā tū ne butoṃ se sīkhā
jaṅg-o-jadal sikhāyā vāiz ko bhī k͟hudā ne

taṅg ā ke maiṃ ne āk͟hir daur o haram ko choḍā
vāiz kā vāz choḍā choḍe tire fasāne

patthar kī mūratoṃ meṃ samajhā hai tū k͟hudā hai
k͟hāk-e-vatan kā mujh ko har zarrā devatā hai

ā g͟hairiyat ke parde ika bāra fira uṭhā deṃ
bichaḍoṃ ko fir milā deṃ naqś-e-duī miṭā deṃ

sūnī paḍī huī muddat se dil kī bastī
ā ik nayā śivālā is des meṃ banā deṃ

duniyā ke tīrathoṃ se ūñcā ho apanā tīrath
dāmān-e- āsamāṃ se isa kā kalas milā deṃ

har subh uṭh ke gāeṃ mantar vo mīṭhe mīṭhe
sāre pujāriyoṃ ko may pit kī pilā deṃ

śakti bhī śānti bhī bhagatoṃ ke gīt meṃ hai
dharatī ke bāsīyoṃ kī muktī prīt meṃ hai

라비 강가에서

Kinār-e-Rāvī

بانگِ درا

علامہ اقبال

라비 강가에서

저녁의 고요 속에 라비 강[1]의 선율이 흐르네
내 심경의 물결을 나한테 묻지 말게

나는 흐르는 강 언저리에 서 있다네
내가 어디에 서 있는지 그러나 나는 알지 못하네

적포도주로[2] 저녁의 끝자락이 물들었네
하늘의 성자가 떨리는 손에 잔을[3] 들었네

---

1) 라비 강은 인도의 북서부와 파키스탄의 접경지에 흐르는 강이다.
2) 적포도주는 진리, 사랑, 은혜, 지혜를 의미한다. 일반적으로 술이 사람의 성질을 변화시키 듯이, 신적인 술은 내면을 변화시키고 사랑하는 자를 신에게 가깝게 데려가며, 신의 사랑과 진리에 취하게 한다. 적포도주는 신의 사랑에 취하는 것을 상징한다. 금욕 수행하는 곳에서 술을 따르는 사람은 수피, 예언자, 더 나아가 신을 상징하기도 한다.
3) 잔은 신을 사랑하는 자의 가슴, 때로는 연인을 사랑하는 자의 가슴을 의미한다. 잔으로부터 신적인 사랑의 적포도주가 흘러나온다.

공허를 향해 낮의 카라반이 빠르게 지나갔네
황혼빛이 아니네 이것은 태양의 꽃들 같은 것이네

강물 위로 배[4] 하나가 빠르게 지나가네
뱃사공은 거칠게 물결과 싸우네

이 배는 시선을 끌며 빠르게 가네
시야에서 벗어나 멀어져 갔네

인생의 배는 이처럼 흐르네
영원의 선율에 이처럼 태어나 이처럼 사라지네

이 배는 결코 패배를 모르네
사라질지언정 소멸하지 아니하네

(Bāṅg-e-Darā, 48)

4) 배는 신을 사랑하는 자의 모습, 열정, 그리고 정신을 의미한다. 때로 배는 신의 해안가로 우리를 데려다 주는 구주를 의미하기도 한다.

황혼녘 라비 강가의 풍경을 묘사한 이 시에는 인생은 역경과 맞서 싸워나가는 과정이며, 분투를 통해 온전한 자신을 얻게 된다는 작가의 자아철학이 아름답게 함축되어 있다. <라비 강가에서>는 자연 현상에 대한 통찰을 통해 내면세계를 제시하는 이끄발의 시 가운데에서도 특히 명편으로 알려진 작품이다.

کنار راوی

سکوت شام میں محو سرود ہے راوی
نہ پوچھ مجھ سے جو ہے کیفیت مرے دل کی

سر کنارہ آب رواں کھڑا ہوں میں
خبر نہیں مجھے لیکن کہاں کھڑا ہوں میں

شراب سرخ سے رنگیں ہوا ہے دامن شام
لیے ہے پیر فلک دست رعشہ دار میں جام

عدم کو قافلہ روز تیز گام چلا
شفق نہیں ہے ، یہ سورج کے پھول ہیں گویا

رواں ہے سینۂ دریا پہ اک سفینہ تیز
ہوا ہے موج سے ملاح جس کا گرم ستیز

سبک روی میں ہے مثل نگاہ یہ کشتی
نکل کے حلقہ حد نظر سے دور گئی

جہاز زندگی آدمی رواں ہے یونہی
ابد کے بحر میں پیدا یونہی ، نہاں ہے یونہی

شکست سے یہ کبھی آشنا نہیں ہوتا
نظر سے چھپتا ہے لیکن فنا نہیں ہوتا

Kinār-e-Rāvī

sukūt-e-śām meṃ mahave surūd hai rāvī
na pūch mujhase jo hai kaifiyat mere dil kī

sir-e-kinārā āb-e-ravāṃ khaḍā hūṃ maiṃ
khabar nahīṃ mujhe lakin kahāṃ khaḍā hūṃ maiṃ

śarāb-e-surkh se raṅgīn huā hai dāman-e-śām
liye hai pīr-e-falak dast-e-rāś dār meṃ jām

adam ko qāfilā raz tez gām calā
śafaq nahīṃ hai yah sūraj ke phūl haiṃ goyā

ravāṃ hai sīnā-e-dariyā pe ik safīnā tez
huā hai mauj se mallāh jis kā garm satez

subuk ravī meṃ hai misl-e-nigāh yah kaśtī
nikal ke halaq-e-hade nazar se dūr gayī

jahāz-e-zindagī ādamī ravāṃ hai yūṃhī
abad ke bahra meṃ paidā yūṃhī nihāṃ yūṃ hī

śikast se yah kabhī āśnā nahīṃ hotā
nazar se chupatā hai lekin fanā nahīṃ hotā

2부
1905년에서
1908년까지

아름다움의 실상

Haqīqat-e-Husn

بانگِ درا

علامہ اقبال

아름다움의 실상

아름다움이 신에게 어느날 질문했어요
당신은 왜 나를 세상에서 사라지는 존재로 만들었나요

대답은 이랬어요 세상은 화랑이라네
세상은 실재하지 않는 천일야화라네

그것이 변화의 색상으로 이루어질 때
아름다움이 되고, 하여 아름다움의 실상은 소멸이네

어딘가 가까이 있던 달님이 이 대화를 들었어요
하늘에 널리 퍼졌어요, 새벽별이 들었어요

새벽이 별님한테 듣고 이슬에게 들려줬어요
이슬은 하늘의 이야기를 땅의 친구에게 전달했어요

꽃은 이슬의 말을 듣고 눈물을 글썽였어요
꽃봉우리의 어린 가슴은 비통에 절명했어요

꽃의 계절이 울면서 정원을 떠났어요
소풍 왔던 청춘은 슬픔에 빠졌어요

(Bāṅg-e-Darā, 52)

<아름다운 실상>은 아름다움의 유한성에 대한 슬픔이 배어있는 비가적 송시이다. 실상이 새벽별, 이슬, 꽃봉오리, 꽃의 계절, 청춘으로 순차적으로 전이되는 과정은 슬픔을 배가시키는 데에 그치지 않고 생멸의 이치, 자연의 순환, 시간의 흐름을 표현한다. 새벽에 별이 지면 이슬이 맺히고, 이슬의 물기를 머금고 꽃봉오리가 피어나고, 꽃봉오리가 떨어져 개화하고, 개화하며 꽃이 만발하는 계절이 되니 유한성은 또 다른 유한성으로 이어지는 우주순환의 이치를 깨닫게 한다. 작가는 아름다움의 유한성에 대한 슬픔을 억눌린 어조로 읊조리면서도 유한성에는 역설적으로 무한성의 아름다움이 깃들어 있음을 암시한다고 볼 수 있다.

حقیقت حسن

خدا سے حسن نے اک روز یہ سوال کیا
جہاں میں کیوں نہ مجھے تو نے لازوال کیا

ملا جواب کہ تصویر خانہ ہے دنیا
شب درازِ عدم کا فسانہ ہے دنیا

ہوئی ہے رنگ تغیر سے جب نمود اس کی
وہی حسیں ہے حقیقت زوال ہے جس کی

کہیں قریب تھا، یہ گفتگو قمر نے سنی
فلک پہ عام ہوئی، اختر سحر نے سنی

سحر نے تارے سے سن کر سنائی شبنم کو
فلک کی بات بتا دی زمیں کے محرم کو

بھر آئے پھول کے آنسو پیامِ شبنم سے
کلی کا ننھا سا دل خون ہو گیا غم سے

چمن سے روتا ہوا موسم بہار گیا
شباب سیر کو آیا تھا، سوگوار گیا

Haqīqat-e-Husn

khudā se husn ne ik roz yah savāl kiyā
jahāṃ meṃ kyoṃ na mujhe tūne lā-zavāl kiyā

milā javāb ke tasvīr-e-khānā hai duniyā
śab-e-darāz adam kā fasānā hai aduniyā

huī hai raṅg-e-taghayyur se jab numūd us kī
vahī hasīn hai haqīqat zavāl hai jisakī

kahīṃ qarīb thā yah guftagū qamar ne sunī
falak pe ām huī akhtar-e-sahar ne sunī

sahar ne tāre se sun kar sunāī śabanam ko
falak kī bāt batā dī zamīṃ ke maharam ko

bhar āye phūl ke āṃsū payām śabanam se
kalī kā nanhā sā dil khūn ho gayā gham se

caman se rotā huā mausam-e-bahār gayā
śabāb sair ko āyā thā sogavār gayā

새벽별

Akhtar-e-Subah

بانگِ درا

علامہ اقبال

새벽별

새별별은 늘 울었어요 그리고 말했지요
"얼핏 보였지만 제대로 볼 수 없었지요."

"모든 것이 태양 덕분에 살아왔지만요
새벽이 지나가면 나는 갈 곳이 없었어요."

새벽별의 실체는 과연 무엇일까
하찮은 정령, 불꽃의 광채일까

내가 말했지요, "오, 새벽의 이마에서 빛나는 보석아
너는 스러짐을 슬퍼하는구나, 천공에서 내려와"

"이슬을 타고 높은 하늘로부터 내려와야지
이리로, 너의 안식처야 내 언어의 정원이"

"나는 정원사야, 사랑은 정원의 봄이지
이것의 토대는 굳건하단다 영원히"

(Bāṅg-e-Darā, 68)

<새벽별>은 여명이 밝아옴에 따라 곧 소멸하게 될 새벽별에 빗대어 존재의 유한함과 덧없음을 노래한다. 소멸하는 존재는 시인의 언어와 사랑의 정원에서 안식을 얻을 수 있음을 암시하여 생멸의 이치와 우주 순환의 질서에 순응하는 자세를 동시에 환기시켜 준다.

اخترِ صبح

ستارہ صبح کا روتا تھا اور یہ کہتا تھا
ملی نگاہ مگر فرصت نظر نہ ملی

ہوئی ہے زندہ دمِ آفتاب سے ہر شے
اماں مجھی کو تہ دامن سحر نہ ملی

بساط کیا ہے بھلا صبح کے ستارے کی
نفس حباب کا، تابندگی شرارے کی

کہا یہ میں نے کہ اے زیورِ جبین سحر
غم فنا ہے تجھے گنبد فلک سے اتر

ٹپک بلندیِ گردوں سے ہمرہِ شبنم
مرے ریاضِ سخن کی فضا ہے جاں پرور

میں باغباں ہوں، محبت بہار ہے اس کی
بنا مثالِ ابد پائدار ہے اس کی

Akhtar-e-Subah

sitārā subah kā rotā thā aur kahatā thā
milī nigāha magar furasat-e-nazar na milī

huī hai zindā dam-e-āfatāb se har śai
amāṃ mujhī ko tah-e-dāman-e-sahar na milī

bisāt kyā hai bhalā subah ke sitāre kī
nafas habāb kā, tābindagī śarāre kī

kahā yah maiṃ ne ki ai-zevar jabīṃ sahar
gham fanā hai tujhe gumbad-e-falak se utar

ṭapak bulandī garadūṃ se hamarahe śabanam
mere riyāze sukhan kī fizā hai jāṃ paravar

maiṃ bāghabāṃ hūṃ mohabbat bahār hai is kī
banā misāl abad pāyadār hai isakī

별들의 회합

Bazm-e-Aṃjum

بانگِ درا

علامہ اقبال

별들의 회합

꽃의 자태가 이슬에서 비추이듯이
태고의 아름다움이 영롱한 별들에서 반짝이네

새 법규를 피하고 오래된 규범을 고수하는 것이
국가들의 입장에서는 어려운 도전이네

역사의 카라반이 이처럼 빠르게 지나가니
나태한 국가들은 짓밟혀 버렸네

우리의 시야에서 사라졌네 수천의 별들이
하지만 그들은 자신의 무리 속으로 들어간 것이네

한 평생 이해하지 못했네 땅에 속한 자들이
우리가 발견한 것을 짧은 생애에

모든 체계와 질서를 이루네 상호결속이
이것이 별들의 삶 속에 숨겨져 있네

(Bāṅg-e-Darā, 58)

<별들의 회합>은 자연현상을 통해 내면세계를 통찰한 작품으로서 범이슬람주의에 기반한 민족주의 사상을 투영하여 보여준다.

بزم انجم

حسن ازل ہے پيدا تاروں کي دلبري ميں
جس طرح عکس گل ہو شبنم کے آرسي ميں

آئين نو سے ڈرنا ، طرز کہن پہ اڑنا
منزل يہي کٹھن ہے قوموں کي زندگي ميں

يہ کاروان ہستي ہے تيز گام ايسا
قوميں کچل گئي ہيں جس کي رواروي ميں

آنکھوں سے ہيں ہماري غائب ہزاروں انجم
داخل ہيں وہ بھي ليکن اپني برادري ميں

اک عمر ميں نہ سمجھے اس کو زمين والے
جو بات پا گئے ہم تھوڑي سي زندگي ميں

ہيں جذب باہمي سے قائم نظام سارے
پوشيدہ ہے يہ نکتہ تاروں کي زندگي ميں

Bazm-e-Aṃjum

husn azal hai paidā tāroṃ kī dilabarī meṃ
jis tarah aks-e-gul ho śabaname kī ārasī meṃ

āīn-e-nau se ḍaranā tarz-e-kuhan par uḍanā
mañzil yahī kaṭhin hai qaumoṃ kī zindagī meṃ

yah kāravāne hastī hai teza gām aisā
qaumeṃ kucal gayī haiṃ jis kī ravā ravī meṃ

āṃkhoṃ se hai hamārī g͟hāyab hazāroṃ aṃjum
dāk͟hil haiṃ vo bhī lekin apanī barādarī meṃ

ik umra meṃ na samajhe usako zamīn vāle
jo bāt pā gaye ham thoḍī sī zindagī meṃ

haiṃ jazb-e-bāhamī se qāyam nizām sāre
pośidā hai yah nuqtā tāroṃ kī zindagī meṃ

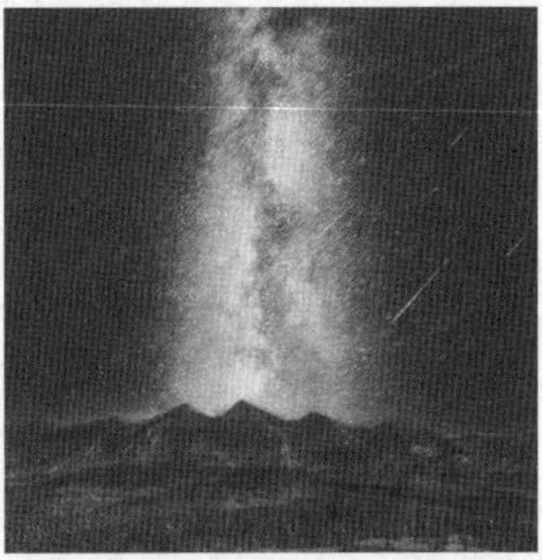

달과 별들

Cānd aur Tāre

بانگِ درا

علامہ اقبال

달과 별들

새벽이 되자 떨면서 떨면서
별들이 달에게 말하기 시작했네

창공만을 바라보면서
반짝반짝 거리다 지쳐버렸네

가는 것이 우리의 일 아침에 저녁에
가고 가고 쉼없이 가네

이 세상 모든 것은 쉼이 없네
평온은 없다고들 말하네

모든 여정에는 시련이 따르네
별 사람 나무 돌 무엇이나 누구나에게

끝날까 이 여정이 언젠가는
보일까 목적지가 언젠가는

달이 말하기 시작했네, 오 친구들아
밤의 들녘에서 수고하는 자들아

세상의 삶은 움직임에서 오는 것이네
이것은 세상의 오래된 관습이네

세상의 얼룩말은 달리네
욕망의 채찍을 맞고 맞네

이 여정에서 쉼이란 적절치 않다네
휴식에는 죽음이 도사리고 있다네

움직이는 자는 벗어났네
머무르는 자는 짓밟혔네

이 발걸음의 끝은 좋은 것이네
열정, 시작은 더없이 좋은 것이네

(Bāṅg-e-Darā, 60)

<달과 별들>은 인생은 고통으로 점철되어 있으며 분투하며 지나가야 한다는 이치를 깨닫고 감내해내면 종국에 희열로 귀결짓게 된다는 이끄발의 자아철학이 녹아 들어 있는 작품으로 평가된다.

چاند اور تارے

ڈرتے ڈرتے دمِ سحر سے
تارے کہنے لگے قمر سے

نظارے رہے وہی فلک پر
ہم تھک بھی گئے چمک چمک کر

کام اپنا ہے صبح و شام چلنا
چلنا، چلنا، مدام چلنا

بے تاب ہے اس جہاں کی ہر شے
کہتے ہیں جسے سکوں، نہیں ہے

رہتے ہیں ستم کش سفر سب
تارے، انساں، شجر، حجر سب

ہوگا کبھی ختم یہ سفر کیا
منزل کبھی آئے گی نظر کیا

کہنے لگا چاند، ہم نشینو
!اے مزرعِ شب کے خوشہ چینو

جنبش سے ہے زندگی جہاں کی
یہ رسم قدیم ہے یہاں کی

ہے دوڑتا اشہب زمانہ
کھا کھا کے طلب کا تازیانہ

اس رہ میں مقام بے محل ہے
پوشیدہ قرار میں اجل ہے

چلنے والے نکل گئے ہیں
جو ٹھہرے ذرا، کچل گئے ہیں

انجام ہے اس خرام کا حسن
آغاز ہے عشق، انتہا حسن

Cānd aur Tāre

ḍarate- ḍarate dam-e-sahar se
tāre kahane lage qamar se

nazāre vahī rahe falak par
ham thak bhī gaye camak-camak kar

kām apane hai subah-o-śam calanā
calanā-calanā mudām calanā

betāb hai is jahāṃ kī har śai
kahate haiṃ jise sukūṃ nahīṃ hai

rahate haiṃ sitam kaśa-e-safar sab
tāre, insāṃ, śajar, hajar sab

hogā kabhī khatm yah safar kyā
mañzil kabhī āyegī nazar kyā

kahane lagā cānd ai-hamanaśīno
ai mazarā-e-śaba ke khośā cīno

jumbiśa se hai zindagī jahāṃ kī
yah rasm qadīm hai yahāṃ kī

hai dauḍatā aśhab-e-zamānā
khā-khā ke talab kā tāziyānā

is rah meṃ maqām be mahal hai
pośīdā qarāra meṃ ajal hai

calane vāle nikal gaye haiṃ
jo ṭhahare zarā kucal gaye haiṃ

aṃjām hai is k͟harām kā husn
āg͟hāz hai iśq intehā husn

인간
자연의 이 무정함이 어이없네

Insān
Qudarat kā Ajīb Yah Sitam Hai

بانگِ درا

علامہ اقبال

인간
자연의 이 무정함이 어이없네

인간을 만들었네 은밀히
그 신비는 숨겨져 있네

움실거리네 앎의 희열이
삶의 비밀은 열리지 않네

신묘하네 시작과 끝은
거울의 방에서 뒤틀려 있네

출렁거리네 강의 우아한 물결은
바다를 향해서 먼 길을 떠나가네

날리고 있네 구름을 바람이
어깨에 걸쳐서 나르고 있네

운명의 술에 취했네 별들이
천상의 감옥에 족쇄로 묶여 있네

아침을 여는 고행자일세 태양은
깨어남의 메시지를 가져 오는 자일세

저리로 서산에 숨어 들어서는
황혼의 술잔을 들이키네

자신의 존재를 탐닉하네 모든 사물이
본 모습의 감주로 모든 사물이 취해 버리네

아무도 없네 인간을 살피는 자는
인간의 생계가 참으로 가련하네

(Bāṅg-e-Darā, 69)

<인간 자연의 이 무정함이 어이없네>는 인간 존재의 외로움과 고달픔을 무위 자연과 대비시켜 노래한 작품이다. 우주만물의 본질, 자연의 섭리 및 내면 세계에 대한 작가의 통찰이 드러나고 있다.

انسان
قدرت کا عجیب یہ ستم ہے

انسان کو راز جو بنایا
راز اس کی نگاہ سے چھپایا

بے تاب ہے ذوق آگہی کا
کھلتا نہیں بھید زندگی کا

حیرت آغاز و انتہا ہے
آئینے کے گھر میں اور کیا ہے

ہے گرمِ خرام موجِ دریا
دریا سوئے بحر جادہ پیما

بادل کو ہوا اُڑا رہی ہے
شانوں پہ اُٹھائے لا رہی ہے

تارے مست شرابِ تقدیر
زندان فلک میں پا بہ زنجیر

خورشید، وہ عابد سحر خیز
'لانے والا پیامِ 'برخیز

مغرب کی پہاڑیوں میں چھپ کر
پیتا ہے مئے شفَق کا ساغر

لذت گیر وجود ہر شے
سر مست مئے نمود ہر شے

کوئی نہیں غم گسارِ انساں
کیا تلخ ہے روزگارِ انساں

Insān

Qudarat Kā Ajīb Yah Sitam Hai

insān ko rāz jo banāyā
rāz is kī nigāh se chupāyā

betāb hai zauq āgahī kā
khulatā nahīṃ bhed zindagī kā

hairat āghāza-va-intihā hai
āīne ke ghar meṃ aur kyā hai

hai agrm kharām-e-mauj dariyā
dariyā bahr sū-e-bahr zādā paimā

bādal ko havā uḍā rahī hai
śānoṃ pe uṭhaye lā rahī hai

tāre mast śarāb-e-taqadīr
zindān falak meṃ pāb-e-zañjīr

khurśīd vah ābid sahar khez
lāne vālā payām barakhez

magharib kī pahāḍiyoṃ meṃ chup kar
pītā hai may-e-śafaq kā sāghar

zāt gīr-e-vajūd har śai
sar mast may-e-numūd har śai

koī nahīṃ g̲h̲amagusār insāṃ
kyā talk̲h̲a hai rozagār insāṃ

3부
1908년 이후

별

Sitārā

بانگِ درا

علامہ اقبال

별

달이 두려운가 너는, 아침이 위협적인가
찬란한 시간이 다하고 있음을 알게 되었는가

빛의 자산을 빼앗길까 너는 겁나는가
불꽃의 기억조차 사라질까 떨리는가

하늘은 너에게 저 높은 곳에 집을 주었지
달무리같은 금빛 의복을 너에게 입혔지

가련하네 그럼에도 너의 여린 정신은 두려워하니
떨면서 지나가는구나 너의 온 밤이

반짝이는 방랑자여! 이 동네 기묘하네
누군가의 최선이 누군가의 최악이네

수십만 별들의 소멸은 태양의 탄생이네
죽음에 잠들음은 소생의 기쁨이네

봉오리의 작별에는 남아있네 꽃을 피우는 순리가
부재는 부재인가, 거울을 쥔 존재인가

멈춤은 불가능해 자연의 굴레 속에서
일관된 변화는 지속되는 것이네 시간 속에서

(Bāṅg-e-Darā, 77)

<별>은 우주만물의 순환과 생멸의 이치를 노래한다. 완숙한 안목으로 높은 경지에서 인생에 대해 부단하고 의연한 자세를 견지할 수 있기를 염원하는 작품이라 할 수 있다.

ستارہ

قمر کا خوف کہ ہے خطرۂ سحر تجھ کو
مآل حسن کي کيا مل گئي خبر تجھ کو

متاع نور کے لٹ جانے کا ہے ڈر تجھ کو
ہے کيا ہراس فنا صورت شرر تجھ کو

زميں سے دور ديا آسماں نے گھر تجھ کو
مثال ماہ اڑھائي قبائے زر تجھ کو

غضب ہے پھر تري ننھي سي جان ڈرتي ہے
تمام رات تري کانپتے گزرتي ہے

چمکنے والے مسافر عجب يہ بستي ہے
جو اوج ايک کا ہے ، دوسرے کي پستي ہے

اجل ہے لاکھوں ستاروں کي اک ولادت مہر
فنا کي نيند مے زندگي کي مستي ہے

وداع غنچہ ميں ہے راز آفرينش گل
عدم ، عدم ہے کہ آئينہ دار ہستي ہے

سکوں محال ہے قدرت کے کارخانے ميں
ثبات ايک تغير کو ہے زمانے ميں

Sitārā

qamar kā khauf hai ke hai khatarā sahar tujh ko
māl-e-husn kī kyā mil gayī khabar tujh ko

matā e nūr ke luṭ jāne kā hai ḍar tujh ko
hai kyā hirās fanā sūrat-e-śarar tujh ko

zamīṃ se dūr diyā āsamāṃ ne ghar tujh ko
misāl māh-e-aḍhāī qabā-e-zar tujh ko

ghazab hai phir terī nanhī sī jśn ḍaratī hai
tamām rāt terī kāmpate guzaratī hai

camakane vāle musāfir ! ajab yah bastī hai
jo auj ek kā hai dūsare kī pastī hai

ajal hai lākhoṃ sitāroṃ kī ik vilādat-e-mahr
fanā kī nīnd may-e-zindagī kī mastī hai

vidā ghunce meṃ hai rāz āfrīniśe gul
adam adam hai ke āīnā dār hastī hai

sukūṃ muhāl hai qudarat ke kārakhāne meṃ
sabāt ek taghayyur ko hai zamāne meṃ

인간

Insān

بانگِ درا

علامہ اقبال

인간

정원의 모습이 화려하든 초라하든
노력 없이도 수선화는 어쩔 수 없는 장관이라네

행위의 즐거움을 못 느낀다네 오크나무는
그 속성에 욕망이 들어 있지도 않다네

기꺼이 순응적이라네 세상의 것은
힘을 다해 욕망을 추구한다네 인간은

이 티끌은[1] 매 순간 팽창을 갈구하나니
이는 티끌이 아니라 오히려 수축된 사막이라네

1) 먼지와 티끌은 원어에서 하찮은 인간을 상징하기도 한다.

원하면 정원의 모습도 바꿀 터이니
이 존재는 지혜롭고 명철하며 유능하다네

(Bāṅg-e-Darā, 97)

<인간>은 무위 자연과 인간의 욕망을 대비시켜 적극적인 삶의 의지를 지닌 인간 존재의 위대함을 부각시킨 작품이라고 볼 수 있다.

انسان

منظر چمنستاں کے زیبا ہوں کہ نازیبا
محرومِ عمل نرگس مجبورِ تماشا ہے

رفتار کی لذت کا احساس نہیں اس کو
فطرت ہی صنوبر کی محرومِ تمنا ہے

تسلیم کی خوگر ہے جو چیز ہے دنیا میں
انسان کی ہر قوت سرگرمِ تقاضا ہے

اس ذرّے کو رہتی ہے وسعت کی ہوس ہر دم
یہ ذرّہ نہیں، شاید سمٹا ہوا صحرا ہے

چاہے تو بدل ڈالے ہیئت چمنستاں کی
یہ ہستی دانا ہے، بینا ہے، توانا ہے

Insān

manzara caminsatāṃ ke zebā hoṃ ke nāzebā
maharūma-e-amala nargisa, majabūra tamāśā hai

raftāra kī lazzata kā ehasāsa nahīṃ usako
fitrata hī sanobara kī maharūma tamannā hai

taslīma kī k͟hūgara hai jo cīza hai duniyā meṃ
insāna kī hara quvvata saragarma taqāzā hai

isa zarre ko rahatī hai vusata kī havasa hara dama
yaha zarrā nahīṃ śāyada simaṭā huā saharā hai

cāhe to badala ḍāle haiata caminsatāṃ kī
yaha hastī dānā hai, bīnā hai, tavānā hai

불평

Śikavā

بانگِ درا

علامہ اقبال

불평

제가 왜 잃은 자가 돼야 하나요 제 몫의 이익을 잊어야 하나요?
왜 내일을 생각하지 말아야 하나요 과오의 슬픔에 빠져 있어야 하나요
왜 온전히 귀 기울여 지빠귀의 절규를 들어야만 하나요
오 벗님이여! 저도 어느 꽃이어서 침묵해야만 하나요?
　　저의 유창함이 힘이 되네요 저에겐
　　알라 신께 불평, 입안의 먼지지요 저에겐

저희가 순종에 길들여져 있다고들 하지요 예 맞아요
어쩔 수 없네요 저희는 고통스런 말씀을 드려야겠네요
애원으로 가득찬 소리없는 악기이네요 저희는
탄식이 터지면 입술로 어쩔 수 없어요 저희는
　　오 신이시여! 충직한 자의 불평도 들어보세요
　　익숙한 칭송 이전에 약간의 불만을 들어보세요

저희가 있기 이전에는 당신의 이 세상 모습이 괴상했지요
어딘가에선 돌이 숭배되고 어딘가에선 나무가 숭배되었지요
인간은 존재한다고 생각해요 보이는 것만을
그런데 어찌 믿겠나요 보이지 않는 신을
　　　아시는지요 누군가가 당신 이름을 가져왔는지를
　　　맡아왔어요 무슬림의 팔의 근육이 당신의 일을

바로 이곳에 셀주크인도 튀르크인도 거주하고 있었어요
중국인이 중국에, 이란에 사산인도
바로 이 거주지에 그리스인도 살았어요
바로 이 땅에 유대인도 있었어요 기독교인도
　　　그러나 그들 중 누가 당신의 이름으로 칼을 들었는지요
　　　누가 쓰러져 있는 것을 바로 세웠는지요

저희뿐이었어요 당신의 전투를 치룬 전사들 중에서
때로는 육지에서 때로는 바다에서
기도문을 외웠어요 때로는 유럽의 교회들에서
때로는 아프리카의 열사 속에서
　　　황제들의 광영은 저희 눈에 차지 않았어요
　　　번득이는 칼을 들고 당신의 교리를 읽었어요

전투 와중에 기도 시간이 되면
메카를 향해 땅에 입맞춤했어요 헤자즈족은[1]

---

1) 아라비아반도 지역에 이집트와 오스만 제국 등의 강국 사이에 헤자즈 왕국이 존재했다. 20세기초 이후 사우디아라비아 왕국으로 편입되었다.

마호무드와[2] 아야즈는[3] 같은 줄에 나란히 섰어요
누구도 노예가 아니고 누구도 주인이 아니었어요
　　노예와 주인이 빈자와 부자가 하나 됐어요
　　당신의 나라에 도착하면 모두가 하나 됐어요

온 세상을 주야로 떠돌았어요
신앙의 술에 취해 술잔처럼 떠돌았어요
산과 벌판을 당신의 메시지 들고 떠돌았어요
그리고 아시는지요 때로는 헛되이 떠돌았어요
　　광야면 광야, 대양도 남기지 않았어요 저희는
　　저 땅끝 암흑의 바다[4]까지 말을 몰았어요 저희는

이 땅의 역사에서 오류를 지웠어요 저희는
인류를 노예의 굴레에서 해방시켰어요 저희는
당신의 메카를 조아린 이마들로 채웠어요 저희는
당신의 코란을 가슴에 안았어요 저희는
　　저희의 신앙이 부족하다고 그럼에도 불만이시지요
　　저희의 신앙이 부족하다시면 당신도 자비롭지는 않아요

불평 없어요, 언변이 부족하고 내세울 것 없는
저들의 금고가 가득 찼어도요

---

2) 마호무드는 가즈니 왕조의 술탄 마호무드를 의미한다.
3) 아야즈는 가즈니 왕조의 술탄 마호무드의 노예의 이름이다.
4) 여기에서 바다는 대서양이다. 당시의 아랍인이 아프리카의 서해안에 도달했을 때, 그곳을 지구의 끝이라고 여기며 "위대한 주여, 우리가 당신의 이름으로 정복한 땅의 뒤에도 땅이 있나이까"라고 외쳤다. 당시 대서양은 암흑의 바다로 불리었다.

화가 나네요, 이교도는 천사와 궁전을 얻었지만
가여운 무슬림들에겐 단지 천사의 약속뿐이네요
저희한테는 이제 은혜가 없네요 자애도 없네요
웬일인가요 이전 같은 은총이 없네요

왜 무슬림들에겐 세상의 재물이 생기지 않나요
당신의 권능은 무한하고 무량하지요
당신이 원하시면 사막의 복판에서 물거품이 일지요
사막의 나그네가 신기루의 물결에 휩쓸리지요
적의 조소, 불명예, 빈곤이네요
당신의 이름으로 죽는 것 그 보상이 모욕인가요?

(Bāṅg-e-Darā, 105)

<불평>은 1909년에 라호르에서 열린 <이슬람 후원회>에서 발표된 후 이슬람 사회에 큰 반향을 일으킨 시이다. 이 시에는 무슬림이 처한 곤경에 대해 애석해 하면서 신에게 선의를 주관하면서도 그들에게 도움을 주지 않는다며 과감한 어조로 작가 자신의 불평을 토로하고 있다.

شکوہ

کیوں زیاں کار بنوں، سود فراموش رہوں
فکر فردا نہ کروں محو غم دوش رہوں
نالے بلبل کے سنوں اور ہمہ تن گوش رہوں
ہم نوا میں بھی کوئی گل ہوں کہ خاموش رہوں
جرأت آموز مری تابِ سخن ہے مجھ کو
شکوہ اللہ سے، خاکم بدہن، ہے مجھ کو

ہے بجا شیوہ تسلیم میں مشہور ہیں ہم
قصۂ درد سناتے ہیں کہ مجبور ہیں ہم
ساز خاموش ہیں، فریاد سے معمور ہیں ہم
نالہ آتا ہے اگر لب پہ تو معذور ہیں ہم
اے خدا! شکوۂ اربابِ وفا بھی سن لے
خوگر حمد سے تھوڑا سا گلا بھی سن لے

ہم سے پہلے تھا عجب تیرے جہاں کا منظر
کہیں مسجود تھے پتھر، کہیں معبود شجر
خوگر پیکر محسوس تھی انساں کی نظر
مانتا پھر کوئی ان دیکھے خدا کو کیونکر
تجھ کو معلوم ہے لیتا تھا کوئی نام ترا؟
قوتِ بازوئے مسلم نے کیا کام ترا

بس رہے تھے یہیں سلجوق بھی، تورانی بھی
اہل چیں چین میں، ایران میں ساسانی بھی

اسی معمورے میں آباد تھے یونانی بھی
اسی دنیا میں یہودی بھی تھے، نصرانی بھی
پر ترے نام پہ تلوار اٹھائی کس نے
بات جو بگڑی ہوئی تھی، وہ بنائی کس نے

تھے ہمیں ایک ترے معرکہ آراؤں میں
خشکیوں میں کبھی لڑتے، کبھی دریاؤں میں
دیں اذانیں کبھی یورپ کے کلیساؤں میں
کبھی افریقہ کے تپتے ہوئے صحراؤں میں
شان آنکھوں میں نہ جچتی تھی جہانداروں کی
کلمہ پڑھتے تھے ہم چھاؤں میں تلواروں کی

آ گیا عین لڑائی میں اگر وقت نماز
قبلہ رو ہو کے زمیں بوس ہوئی قومِ حجاز
ایک ہی صف میں کھڑے ہو گئے محمود و ایاز
نہ کوئی بندہ رہا اور نہ کوئی بندہ نواز
بندہ و صاحب و محتاج و غنی ایک ہوئے
تیری سرکار میں پہنچے تو سبھی ایک ہوئے

محفل کون و مکاں میں سحر و شام پھرے
مے توحید کو لے کر صفت جام پھرے
کوہ میں، دشت میں لے کر ترا پیغام پھرے
!اور معلوم ہے تجھ کو، کبھی ناکام پھرے
دشت تو دشت ہیں، دریا بھی نہ چھوڑے ہم نے
بحر ظلمات میں دوڑا دیے گھوڑے ہم نے

صفحۂ دہر سے باطل کو مٹایا ہم نے
نوعِ انساں کو غلامی سے چھڑایا ہم نے
تیرے کعبے کو جبینوں سے بسایا ہم نے
تیرے قرآن کو سینوں سے لگایا ہم نے
پھر بھی ہم سے یہ گلہ ہے کہ وفادار نہیں
!ہم وفادار نہیں، تو بھی تو دلدار نہیں

یہ شکایت نہیں، ہیں ان کے خزانے معمور
نہیں محفل میں جنھیں بات بھی کرنے کا شعور
قہر تو یہ ہے کہ کافر کو ملیں حور و قصور
اور بیچارے مسلماں کو فقط وعدۂ حور
اب وہ الطاف نہیں، ہم پہ عنایات نہیں
بات یہ کیا ہے کہ پہلی سی مدارات نہیں

کیوں مسلمانوں میں ہے دولت دنیا نایاب
تیری قدرت تو ہے وہ جس کی نہ حد ہے نہ حساب
تو جو چاہے تو اٹھے سینۂ صحرا سے حباب
رہرو دشت ہو سیلی زدئہ موجِ سراب
طعن اغیار ہے، رُسوائی ہے، ناداری ہے
کیا ترے نام پہ مرنے کا عوض خواری ہے؟

Śikavā

kyoṃ ziyāṃ kār banūṃ sūd farāmoś rahūṃ
fikar fardāṃ na karūṃ mahave gham doṣ rahūm
nāle bulabul ke sunūṃ aur hamā tan goś rahūṃ
hamanavā ! maiṃ bhī koī gul hūṃ ke khāmoś rehūṃ
　　juat āmūz mirī tāb sukhan hai mujh ko
　　śikvā allāha se khākim badahan hai mujh ko

hai bajā śīvā-e-tasalīm meṃ maśahūr haiṃ ham
qissā-e-dard sunāte haiṃ ke majabūr haiṃ ham
sāzā khāmoś haiṃ fariyād se māmūr haiṃ ham
nālā ātā hai agar labe pe to māzūr haiṃ ham
　　ai-khudā śikvā arbāb-e-vafā bhī sun le
　　khugar hamd se thoḍā sā gilā bhī sun le

ham se pahale thā ajab tere jahāṃ kā mañzar
kahīṃ masjūd the patthar kahīṃ mābūd śajar
khūgar paikar mahasūs thī insāṃ kī nazar
mānatā phir koī an-dekhe khudā ko kyoṃ kar
　　tujh ko mālūm hai letā thā koī nām terā
　　quvvate bāzū-e-muslim ne kiyā kām terā

bas rahe the yahīṃ salajūq bhī tūānī bhī
ehal-ecīṃ cīn meṃ īrān meṃ sāsānī bhī
isī māmūre meṃ ābād the yunānī bhī

isī duniyā meṃ yehūdī bhī the nasarānī bhī

par tere nām pe talavār uṭhāī kis ne

bāt jo bigaḍī huī thī vo banāī kis ne

the hamīṃ ek tere mārakā ārāoṃ meṃ

k͟huśkiyoṃ meṃ kabhī laḍate kabhī dariyāoṃ meṃ

dīṃ azāneṃ kahbī yūrop ke kalisāoṃ meṃ

kabhī afrīqā ke tapate huye saharāoṃ meṃ

śān āṃkhoṃ meṃ na jacatī thī jahāndāroṃ kī

kalamā paḍhate the ham chāṃv meṃ talavāroṃ ki

ā gayā ain-laḍāī meṃ agar vaqta-e-namāz

qibalā-rū hoke zamīn bos huī qaum hijāz

ek hī saf meṃ khaḍe hogaye mahamūd-o-ayāz

na koī bandā rahā na koī bandā navāz

bandā va sāhib va mohatāj va g͟hani ek hue

terī sarakār meṃ pahuñce to sabhī ek hue

mahafile kaun-o-makāṃ meṃ sahar-o-śām phire

mae tauhīd ko lekar sifate jām phire

koh-o-daśt meṃ lekar terā paig͟hām phire

aur mālūm hai tujhako kabhī nākām phire

daśt to daśt dariyā bhī na choḍe ham ne

bahar-e-zulmāt meṃ dauḍā diye ghoḍe ham ne

safah-e-dahr se bātil ko miṭāyā hamane
nau-e-insāṃ ko g͟hulāmi se chuḍāyā hamane
tere kābe ko jabīnoṃ se basāy hamane
tere quraāna ko sīnoṃ se lagāyā hamane
　　phir bhī ham se yah gilā hai ke vafadār nahīṃ
　　ham vafādār nahīṃ tū bhī to diladār nahīṃ

yah śikāyat nahīṃ haiṃ una ke k͟hazāne mānūr
nahīṃ mahafil meṃ jinheṃ bāt bhī karane kā śaūr
qahr to yqh he ke kāfir ko mileṃ hūr-o-qasūr
aur becāre musalamāṃ ko faqat vādā-e-hūr
　　ab vo alatāf nahīṃ ham pe ināyāt nahīṃ
　　bāt yaha kyā hai ke pahalī sī madārāt nahīṃ

kyoṃ musalamānoṃ meṃ hai daulat-e-duniyā nāyāb
terī qudarat to hai vo jis kī na had hai na hisāb
tū jo cāhe to uṭhe sīnā-e-saharā se habāb
raharū-e-daśt hī sīlī zadā nauj-e-sarāb
　　tān-e-ag͟hayār hai, rūsavāī hai, nādārī hai
　　kyā tere nām pe marane kā evaz k͟hvārī hai

불평에 대한 답변

Javāb-e-Śikavā

بانگِ درا

علامہ اقبال

불평에 대한 답변

가슴에서 나온 말은 효력이 있네
날개는 없지만 비상하는 힘이 있네
진실되고 성스러운 것은 높은 곳을 지향하네
먼지에서 일어나 하늘을 오르네
　　　나의 열망은 소란스럽고 경망스럽고 교활했네
　　　나의 겁없는 절규가 하늘을 찢었네

영겁의 하늘이 듣고서 말했네 어딘지 누가 있나봐
별들이 말했네 하늘의 저 높은 곳에 누가 있나봐
달이 말했네 아니 그는 땅에 속한 자일 거다
은하수가 말했네 그는 바로 이곳에 숨어 있을 거다
　　　나의 불평을 조금이나마 이해한 자 리즈완뿐이네[1]
　　　내가 하늘에서 추방된 인간임을 아셨네

---

1) 리즈완은 이슬람 문화에서 천국을 유지하는 천사를 의미한다.

천사들도 이 소리가 무엇일까 놀랐네
천상의 존재들은 이것이 무엇인지 가늠하지 못했네
인간이 분투하면 하늘까지 닿을까
티끌도 나는 법을 익혔단 말인가?
예법도 모르는, 땅의 것들이 어찌 가능할까
건방지고 무례한, 낮은 곳에 속한 것들이 어찌 가능할까

소리가 들렸네 네 이야기가 슬프구나
너의 잔은 출렁이는 눈물로 넘칠듯하구나
너의 정신나간 외침이 하늘을 울리는구나
너의 실성한 가슴은 너의 입술을 떨게 하는구나
네가 유창한 말로 불평을 찬사처럼 들리게 했구나
네가 인간을 신과 교통하게 했구나

우리는 은혜롭건만, 간청하는 자 아무도 없구나
누구한테 길을 보여주련, 목적지를 찾는 여행자 없구나
널리 교육이 펼쳐지건만, 키울만한 자 없구나
아담을 흙으로 빚었건만 이것은 그 흙이 아니구나
능력있는 자라면 우리는 적지 않은 영광을 입혀준다네
구하는 자에게는 새로운 세상도 열어준다네

너희 손은 힘이 없구나, 너희 가슴엔 신의 거처가 없구나
따른다면서, 예언자를 불경스럽게 만드는구나
신상 파괴자들은 떠났고 신상을 만드는 자들만 남았구나

아버지는 아브라함이었건만[2] 아들들은 아자르이구나[3]
새로 온 자들이 술을 마시네, 새로운 술에, 술독도 새롭네
새로운 까바를[4] 만드네, 새 신상들에, 너희도 새롭네

새벽의 눈꺼풀이 참으로 무거운가 너희는
우리를 언제 사랑이나 했던가 잠을 좋아했지 너희는
자유의 본성을 짓누르는 라마단의 규제가 버겁느냐
너희들이 말해보라 바로 이것이 신앙인의 법도이더냐
종족은 종교에서 나오거늘 종교가 없으면 너희도 없도다
상호결속이 없으면 별들이 함께 흐르는 은하도 없도다

너희 종족은 하나, 이익도 손해도
모두의 예언자도 단지 하나, 신앙도 믿음도
신성한 까바도 알라도 하나, 코란도
그리도 큰일이었나 하나되는 것이 무슬림도
여기엔 카스트가 저기엔 분파가 갈라지니
이 시대에 살아서 융성하는 길이런가 이것이

---

2) 코란에서 아브라함은 믿음의 조상으로 인정된다.
3) 코란에서 아자르는 아브라함의 아버지의 이름이다. 우상을 거래하는 상인으로 악명 높다.
4) 까바 신전은 메카에 세워진 최초의 경배지로서 현재도 이슬람 최고의 성지로 여겨진다. 코란에 따르면 까바 신전은 원래 아담이 지었으나 아브라함이 메카에서 이스마엘과 함께 재건한 것이라고 전해진다. 이후 무함마드가 630년 메카를 점령하고 아랍인이 숭배하던 360 여 개의 신상을 없애 까바 신전을 정화하였다. 까바 신전은 아직도 인간을 바른 길로 인도하고 복을 내리기 위해 지어진 것으로 여겨지고 있다.

아우성을 들었다, 세상에서 무슬림이 사라져 버렸다고
우리가 묻는다, 언제 무슬림이 있기라도 했었냐고
너희 습관은 나사렛이고 풍속은 힌두이니
너희같은 무슬림 보고 창피해하도다 유대인이
　　너희는 사이드[5], 미르자[6], 아프간족이기도 하도다
　　너희는 이들 모두이기도 하거늘 무슬림이기도 한지 말해보라

향락의 술잔을 들며 편안하구나 너희 모두는
너희가 무슬림인가? 어디로 갔나 무슬림의 법도는?
알리의[7] 금욕도 없고 오스만의[8] 번영도 없도다
선조들과 영적으로 연결되어 있는가 너희들은?
　　당대에 무슬림 되어 명예를 떨쳤었지 그들은
　　그리고 너희는 코란을 버리고 치욕을 당하도다

(Bāṅg-e-Darā, 120)

---

5) 사이드는 무함마드 후손을 높여 부르는 호칭이다.
6) 미르자는 페르시아 왕족의 후예를 일컫는 말이다.
7) 알리는 예언자 무함마드의 사촌동생이자 사위로서 4대 정통 칼리파이다. 그는 검소하고 엄격한 생활로 정평이 나 있었다.
8) 오스만은 예언자 무함마드를 계승한 3대 정통 칼리파이다. 광활한 땅을 정복하여 풍요로운 이슬람 제국을 이루었다.

<불평에 대한 답변>은 <불평>의 시에 대한 답변으로 나태한 무슬림을 질책하고 이슬람이 당면한 위기에 대한 해결책으로 범우주론의 철학적 배경을 지닌 자아철학을 제시하고 있다.

جوابِ شکوہ

دل سے جو بات نکلتی ہے اثر رکھتی ہے
پر نہیں، طاقت پرواز مگر رکھتی ہے
قدسی الاصل ہے، رفعت پہ نظر رکھتی ہے
خاک سے اٹھتی ہے، گردوں پہ گزر رکھتی ہے
عشق تھا فتنہ گر و سرکش و چالاک مرا
آسماں چیر گیا نالۂ بیباک مرا

پیر گردوں نے کہا سن کے، کہیں ہے کوئی
بولے سیارے، سر عرشِ بریں ہے کوئی
چاند کہتا تھا، نہیں! اہل زمیں ہے کوئی
کہکشاں کہتی تھی، پوشیدہ یہیں ہے کوئی
کچھ جو سمجھا مرے شکوے کو تو رضواں سمجھا
مجھے جنت سے نکالا ہوا انساں سمجھا

تھی فرشتوں کو بھی حیرت کہ یہ آواز ہے کیا
!عرش والوں پہ بھی کھلتا نہیں یہ راز ہے کیا
!تا سر عرش بھی انساں کی تگ و تاز ہے کیا
!آگئی خاک کی چٹکی کو بھی پرواز ہے کیا
غافل آداب سے سکانِ زمیں کیسے ہیں
!شوخ و گستاخ یہ پستی کے مکیں کیسے ہیں

آئی آواز، غم انگیز ہے افسانہ ترا
اشک بیتاب سے لبریز ہے پیمانہ ترا

آسماں گیر ہوا نعرئہ مستانہ ترا
کس قدر شوخ زباں ہے دلِ دیوانہ ترا
شکر شکوے کو کیا حسن ادا سے تو نے
ہم سخن کر دیا بندوں کو خدا سے تو نے

ہم تو مائل بہ کرم ہیں، کوئی سائل ہی نہیں
راہ دکھلائیں کسے، رہرو منزل ہی نہیں
تربیت عام تو ہے، جوہر قابل ہی نہیں
جس سے تعمیر ہو آدم کی، یہ وہ گل ہی نہیں
کوئی قابل ہو تو ہم شانِ کئی دیتے ہیں
ڈھونڈنے والوں کو دنیا بھی نئی دیتے ہیں

ہاتھ بے زور ہیں، الحاد سے دل خوگر ہیں
امتی باعث رسوائیِ پیغمبر ہیں
بت شکن اٹھ گئے، باقی جو رہے بت گر ہیں
تھا براہیم پدر اور پسر آزر ہیں
بادہ آشام نئے، بادہ نیا، خم بھی نئے
حرمِ کعبہ نیا، بت بھی نئے، تم بھی نئے

کس قدر تم پہ گراں صبح کی بیداری ہے
ہم سے کب پیار ہے! ہاں نیند تمھیں پیاری ہے
طبع آزاد پہ قید رمضاں بھاری ہے
تمھی کہہ دو، یہی آئین وفاداری ہے؟
قوم مذہب سے ہے، مذہب جو نہیں، تم بھی نہیں
جذبِ باہم جو نہیں، محفل انجم بھی نہیں

منفعت ایک ہے اس قوم کی، نقصان بھی ایک
ایک ہی سب کا نبی، دین بھی، ایمان بھی ایک
حرمِ پاک بھی، اللہ بھی، قرآن بھی ایک
کچھ بڑی بات تھی ہوتے جو مسلمان بھی ایک
فرقہ بندی ہے کہیں اور کہیں ذاتیں ہیں
کیا زمانے میں پنپنے کی یہی باتیں ہیں

شور ہے، ہو گئے دنیا سے مسلماں نابود
!ہم یہ کہتے ہیں کہ تھے بھی کہیں مسلم موجود
وضع میں تم ہو نصاریٰ تو تمدن میں ہنود
یہ مسلماں ہیں! جنھیں دیکھ کے شرمائیں یہود
یوں تو سید بھی ہو، مرزا بھی ہو، افغان بھی ہو
!تم سبھی کچھ ہو، بتاؤ تو مسلمان بھی ہو

ہر کوئی مست مے ذوقِ تن آسانی ہے
!تم مسلماں ہو! یہ اندازِ مسلمانی ہے
حیدری فقر ہے نے دولت عثمانی ہے
تم کو اسلاف سے کیا نسبت روحانی ہے؟
وہ زمانے میں معزز تھے مسلماں ہو کر
اور تم خوار ہوئے تارکِ قرآں ہو کر

Javāb-e-Śikavā

dil se jo bāt nikalatī hai asar rakhatī hai
par nahīṃ tāqat-e-paravāz magar rakhatī hai
qudasī-ul-asla hai rifaat pe nazar rakhatī hai
khāk se uṭhatī hai gardūṃ pe nazar rakhatī hai
　　　　iśq thā fitanā gar va sarakaś va cālāk merā
　　　　āsamāṃ cīr gayā nālā-e-bebāk merā

pīr gardūṃ ne kahā sun ke kahīṃ hai koī
bole sayyāre sar-e-arś barīṃ hai koī
cānd kahatā thā nahīṃ ahal-e-zamīṃ hai koī
kahakaśāṃ kahatī thī pośīdā yahīṃ hai koi
　　　　kuch jo samajhā merā śikave ko to rizavāṃ samajhā
　　　　mujhe jannat se nikālā huā insāṃ samajhā

thī fariśtoṃ ko bhī hairat ke ye āvāz hai kyā
arś vāloṃ pe khulatā nahīṃ yah rāza hai kyā
tā sar-e-arśa bhī insāṃ kī tag-o-tāza hai kya
ā gayī khāka kī cuṭakī ko bhī paravāz hai kya
　　　　ghāfil ādāb se sakān-e-zamīṃ kaise haiṃ
　　　　śokh-o-gustākh yah pastī ke makīṃ kaise haiṃ

āī āvāz gham aṃgez hai-afasānā terā
aśk-e-betāb se labarez hai paimānā terā
āsamāṃ gīr huā nārā-e-mastān terā

kis qadar śokh zubāṃ hai dil dīvānā terā
        śakar śikave ko kiyā husn-e-adā se tūne
        ham sukhan kar diyā bande ko khudā se tūne

ham to māil ba-karam haiṃ koī sāil hī nahīṃ
rāh dikhalāyeṃ kise rahave mañzil hī nahīṃ
tarbiyat āma to haī qābil hī nahīṃ
jis se tāmīr ho ādam kī yah vo gul hī nahīṃ
        koī qābil ho to ham śāna kaī dete haiṃ
        ḍhūṇḍhane vāle ke duniyā bhī naī dete haiṃ

hāth be zor haiṃ ihād se dil khūgar haiṃ
ummatī bāīs-e-rusavāī paighambar haiṃ
but śikan uṭha gaye bāqī jo rahe but gar haiṃ
thā barāhīm pidar aur pisar āzar haiṃ
        bādā āśam naye, bādā nayā, kham bhī naye
        haram kābā nayā, but bhī naye, tum bhī naye

kis qadar tum pe girāṃ subah kī bedārī hai
ham se kab pyār hāṃ nīnd tumheṃ pyārī hai
tabā āzād pe qaid-e-ramazāṃ bhāri hai
tumhīṃ kah do yahī āīna-e-vafādārī hai
        qaum mazahab se hai mazahab jo nahīṃ tume bhī nahīṃ
        jazb bāham jo nahīṃ mahafil-e-aṃjum bhī nahīṃ

manfāt ek hai is qaum kī, nuqasān bhī ek

ek hī sab kā nabī, dīn bhī, īmān bhī ek
harm pāk bhī, allāh bhī, quraān bhī ek
kuch baḍī bāt thī hote jo musalamān bhī ek
    firaqā bandī hai kahīṃ aur kahīṃ zāteṃ haiṃ
    kyā zamāne meṃ panapane kī yahī bāteṃ haiṃ

śor hai ho gaye duniyā se musalamāṃ nābūd
ham yah-kahate heiṃ ke the bhī kahīṃ musalim maujūd
vazaa meṃ tum ho nasārī to tamaddun meṃ hanūd
yah musalamāṃ haiṃ jinheṃ dekh ke śaramāye yahūd
    yūṃ to sayyad bhī ho mirzā bhī ho, afaghān bhī ho
    tum sabhī kuch ho batāo to musalamāṃ bhi ho

har koī mast maye zauq-e-tan āsāni hai
tum musalamāṃ ho yah aṃdāz-e-musalamānī hai
haidarī fuqra haī na daulat-e-usamānī hai
tum ko aslāf se kyā nisbat rūhānī hai
    vo zamāne meṃ moazziz the musalamāṃ hokar
    aur tum khvār huye tārik-e-quraāṃ hokar

별들 너머에는 세상이 더 있지

Sitāroṃ se Āge Jahāṃ aur bhī Haiṃ

بالِ جیبریل

علامہ اقبال

별들 너머에는 세상이 더 있지

별들 너머에는 세상이 더 있지
우리 사랑 앞에는 시련이 더 있다네

어디나 생명으로 가득 차 있지
이 땅에는 수많은 카라반이 더 있다네

다채롭고 향기로운 세상에 만족하게나
정원도 더 있고 둥지도 더 있다네

둥지 하나 잃으면 슬프겠지
하지만 탄식과 통곡의 땅들은 더 있다네

수리매야 네가 할 일은 비상이지
네 앞에 하늘은 높게 더 있다네

작금의 일상에 얽매이지 말게나
그대를 위한 땅과 집들이 더 있다네

지난날 군중 속에서 나는 외로웠지
지금 이곳에는 나를 아는 사람이 더 있다네

(Bāl-e-Jibrīl, 60)

<별들 너머에는 세상이 더 있지>는 자연현상을 통해 내면세계에 내재한 신비와 영원성을 바라보는 작가의 감성이 드러난 서정시이다. 내면과 외연의 확장을 통해 높은 경지에서 소요자재하고 삶을 관조하는 태도가 드러나 있다.

ستاروں سے آگے جہاں اور بھی ہیں

ستاروں سے آگے جہاں اور بھی ہیں
ابھی عشق کے امتحاں اور بھی ہیں

تہی، زندگی سے نہیں یہ فضائیں
یہاں سینکڑوں کارواں اور بھی ہیں

قناعت نہ کر عالم رنگ و بو پر
چمن اور بھی آشیاں اور بھی ہیں

اگر کھو گیا اک نشیمن تو کیا غم
مقامات آہ و فغاں اور بھی ہیں

تو شاہیں ہے، پرواز ہے کام تیرا
ترے سامنے آسماں اور بھی ہیں

اسی روز و شب میں الجھ کر نہ رہ جا
کہ تیرے زمان و مکاں اور بھی ہیں

گئے دن کہ تنہا تھا میں انجمن میں
یہاں اب مرے رازداں اور بھی ہیں

Sitāroṃ se Āge Jahāṃ aur bhī Haiṃ

sitāroṃ se āge jahāṃ aur bhī haiṃ
abhī iśq ke imtehāṃ aur bhī haiṃ

tahī zindagī se nahīṃ yah fizāyeṃ
yahāṃ saiṅkaḍoṃ kāravāṃ aur bhī haiṃ

qināat na kar ālame raṅg-o-bū par
caman aur bhī āśiyāṃ aur bhī haiṃ

agar kho gayā ik naśeman to kyā gh̲am
maqāmāt āh-o-fugh̲āṃ aur bhī haiṃ

tū śāhīṃ hai paravāz hai kām terā
tere sāmane āsamāṃ aur bhī haiṃ

isī roz-o-śab meṃ ulajh kar na rah jā
ki tere zamāṃ-o-makāṃ aur bhī haiṃ

gaye din ke tanhā thā maiṃ anjuman meṃ
yahāṃ ab mere rāzadāṃ aur bhī haiṃ

작가와 작품세계

무하마드 이끄발(Muhammad Iqbal)은 인도 뻔잡 주의 씨알꼬뜨(Sialkot)에서 1877년 11월 9일에 태어났다. 이끄발의 집안은 사쁘루(Sapru) 혈통의 브라흐만으로 까슈미르의 슈리나가르 근처의 작은 마을에 정착해 살았다. 이끄발의 선조 중 한 명이 이슬람을 받아들이고 바바 살레흐(Baba Saleh)로 개명하게 된다. 1857년 이후 사예드 살레흐(Sayed Saleh)와 그의 아들 셰이크 자말웃딘(Sheikh Jamaluddin)이 씨알꼬뜨로 이주한다. 그의 아들 라피꽈(Rafiqa)와 셰이크 모함마드 라피끄(Sheikh Mohammad Rafiq)는 까슈미르에서 직물을 취급하였다. 셰이크 라피끄는 슬하에 두 아들 셰이크 굴람 꽈디르(Sheikh Ghulam Qadir)와 셰이크 누르 모함마드(Sheikh Nur Mohammad)를 두었는데, 셰이크 누르 모함마드가 이끄발의 부친이 된다. 셰이크 누르 모함마드는 흰 피부에 잘 생겼으며 비록 교육을 받진 못했지만 지혜로웠고, 종교, 윤리, 신비주의와 관련된 문제들에 관심을 둔 청년이었다고 전해진다. 그는 세리(稅吏) 와지르 알리(Wazir Ali)의 아래에서 재봉사 일을 하다가 그만두고 부르가(burga) 등과 같이 머리에 두르는 것을 주로 재봉하는 일을 시작했다. 사업은 번창하였고 이후 사위인 굴람 모함마드(Ghulam Mohammad)가 가업을 이었다. 그는 두 아들 아따 무하마드(Atā Muhammad)와 무하마드 이끄발에게 페르시아어, 우르두어, 영어 교육을 시켰다. 이끄발의 형이 되는 아따 모함마드는 초등교육을 받았고 라토르(Rathore) 지역에서 이슬람으로 개종한 집안의 여식과 혼인하였다. 처가가 군대와 관련이 있는 터에 한때 군인 생활을 하였으나 이후 루어키 기술대학(Roorkee Engineering College)에 입학하여 MES 학위를 받았다. 1940년에 향년 82세의 나이로 사망하였고 씨알꼬뜨에 묻혔다. 그의 슬하에 두 아들 아이자즈 아흐마드(Aijaz Ahmad)와 무크따르 아흐마드(Mukhtar Ahmad)가 있고, 아이자즈 아흐마드는 파키스탄 정부에서 고위직을 지내기도 했다. 이끄발의 어머니는 가난한 이웃을 돌보고 이웃간에 분쟁이 일어날 때 중재를 하는 따뜻하고 현명한 사람이었다. 어머니는 1914년에 그리고 아버지는 1930년에 사망하여 씨알꼬뜨의 이맘 사힙(Imam Sahib)의 공동묘지에 묻혔다.

이끄발은 어린시절 사이드 미르 하산(Syed Mir Hasan) 스승에게 사사를 받았는데, 스승은 쿠란(Qur'an)을 암송할 정도로 명민한 이끄발을 보고 스코틀랜드 선교 고등학교(Scotch Mission High School)에 진학시키도록 아버지를 설득하였다. 스코틀랜드 선교 고등학교에서 교육을 받으면서 이끄발은 습작을 시작했고 당대의 문인이었던 다그 데흘라비(Dagh Dehlavi)로부터 시에 관해 조언을 듣기도 했다. 고등학교에 진학한 이후에도 사이드 미르 하산 스승으로부터 동양과 종교와 관련된 교육을 받았다. 중등 시험을 통과하고 1895년에 라호르 국립 대학(Government College)에 영어, 철학, 아랍어를 주전공으로 B.A. 과정에 입학하였다. 영어와 아랍어에서 최고 성적을 받고 학사 학위를 받았다. 이 때 알리가르의 대학(M.A.O College)을 그만두고 국립 대학에서 교편 생활을 시작했던 토마스 아르놀드 경(Sir Thomas Arnold)과 긴밀한 관계를 맺기도 했다. 이후 1899년에 뻔잡 대학(Punjab University)에서 철학 석사학위를 받았다.

이끄발은 라호르의 국립 대학에 있는 동안 꽈드랭글(Quadrangle) 기숙사에서 지냈는데, 여기에서 시 낭송과 창작 활동을 시작하였다. 입학 시험(Matric Examination)에 통과하기 1년 전에 가잘(ghazal, 서정적 압운 2행 연구)을 델리에서 출간되었던 문예 잡지《언어(Zaban)》에 발표했다. 당대 문인들과 시 애호가들이 바띠(bhati) 문에서 회합하던 시 낭송 모임(mushaira)이 있었는데, 여기에서 이끄발은 시를 낭송하였고 대중의 사랑을 받았다. 이후 무슬림을 위한 교육 확산과 사회개혁을 위한 모임에 초대되었다. 1901년 셰이크 압둘 꽈디르 경(Sir Sheikh Abdul Qadir)이 발행하던 우르두어 월간 잡지《창고(Makhzan)》에 이끄발의 시 <히말라야(Himālā)>가 실렸다. 2년 뒤에 라호르 국립 대학에서 조교수 직을 역임하면서 그는 첫 번째 책인《경제학에 관한 논문(Ilmul-Iqtesad)》을 출간했다. 다음 해인 1904년에 <인도인의 노래(Tarānā-e-Hindī)>를 발표하였으며 이 시는 당대 문인 사이에 큰 반향을 일으켰다. 애국심을 담아 공동체의 회합과 조화를 노래한 <인도인의 노래>는 인도 전역에서 큰 사랑을 받았다. 1905년에 이끄발은 예술과 사상에 있어서 전환기를 맞게 되는데 이 때를 기점으로 이끄발의 시세계는 1905년 이전과 이후로 나뉘게 된다. 1905년 9월 뭄바이 항구에서 유럽으로 가는 배에 오른 이끄발은 캠브리지 트리니티 대학(Trinity College, Cambrige)에서 근대 철학을 공부하는 철학과 학생이 되었다. 당시 이 대학에 화이트

헤드(Whitehead) 교수, 맥타가트(Mctaggart) 교수, 그리고 토마스 아널드(Thomas Arnold) 교수도 재직하고 있었다. 이끄발은 캠브리지 대학에서 학위를 받은 후에 루트비히 막시밀리안 뮌헨 대학(Ludwig Maximilians University)에서 논문 "페르시아의 형이상학(Metaphysics of Persia)"으로 박사학위를 받았고 동시에 법률가가 되었다. 그는 캑스톤 홀(Caxton Hall)에서 열린 강연회에서 강연을 한 것을 필두로 런던에서 다수의 강연을 하였다. 와히드(S.A. Vahid)에 따르면 이끄발은 유럽에서 지낸 이 시기에 두 가지 면에서 큰 전환기를 맞는다. 그는 유럽에서 대부분의 정치적인 문제의 원인이 되는 편협하고 이기적인 민족주의를 혐오하게 되었고, 행동하는 투쟁적인 삶의 태도를 가지게 된다. 이후 이끄발은 1908년 라호르 국립 대학에서 철학과 영문학 전공의 교수로 부임하였고, 동시에 라호르 고등 법원(Lahore Chief Court)의 법률가로 활동하게 된다. 하지만 1년 반 이후에 국립 대학을 사임하고 법률가로서의 활동에 집중하였다. 아마도 이끄발은 정부와 정치적인 일에서 탈피하고 정치와 관련없는 철학과 사상에 집중하고 싶었던 것으로 여겨진다. 이때부터 이후 십여 년 동안 이끄발은 사상과 시로 명성을 얻는 황금기를 보낸다. 그는 끊임없이 아프리카와 아시아에 대한 무자비한 제국주의적 착취에 반기를 드는 글을 썼다. 1914년 11월에 그는 어머니 이마미 비비(Imami Bibi)에 대한 가슴저리는 애가를 발표하였다. 당시 그는 슬픔에 빠져 죽음에 대해 깊이 사색했으며 우주 안에서 인간의 역할과 관련된 주제들에 대해 고심하였다. 1년 후에 이 주제를 발전시켜 페르시아어 서사시(masnavi)인 <자아의 비밀(Asrār-e-khūdī)>을 썼는데, 이 시는 이끄발이 자신의 철학을 발전시켜 시적으로 풀어내었다고 평가받는다. 3년 후에 <몰아(沒我)의 신비(Rumūz-e bīkhūdī)>를 발표하면서 사고의 경계를 확장시켰고 나아가 우르두어와 페르시아어의 시세계에 신기원을 이룩하였다.

이끄발은 16살에 구자라뜨 출신의 의사인 칸 바하두르(Khan Bahadur)의 딸과 결혼했다. 첫 번째 부인과의 사이에 딸 마리암(Mariam)과 아들 아프땁 이그발(Aftab Igbal)이 태어났으나 어린 나이에 딸이 사망하여 씨알꼬뜨에 묻히는 등 그의 결혼 생활은 순탄하지 않았고 결국 이혼하게 된다. 1913년에 재혼하였고 1924년에 아들 자웨드 이끄발(Javed Iqbal)과 1930년에 딸 무니라(Munira)를 얻었다. 이끄발은 자신의 아들에 대하여 《자웨드의 이야기(Javed Nama)》라는 책과 시집 《가브리엘의 날개(Bāl-e-Jibrīl)》를 발표했는데, 이즈음에 시인으로서 자신만의 문체를 찾았다고 평가된다. 1923년에 괴테의 서동시집(Westostlicher Diwan)에 대한 답변으로 페르시아어 시집 《동방의 메시지(Pyam-e-Mashriq)》를 출간하였다. 1927년에 페르시아어 시집 《페르시아인의 시편(Zabur-e-Ajam)》을 출간했다. 같은 해에 마드라스에서 "이슬람 사상의 재건(The Reconstruction of Islamic Thought)"을 주제로 마드라스, 하이데라바드, 알리가르에서 6번에 걸쳐 강연을 하였다. 1924년 첫 번째 우르두어 시집 《카라반의 종소리(Bāṅg-e-Darā)》를 출간하였다. 이 시집의 서문에 압둘 꽈디르 경(Sir Abdul Qadir)이 그를 위대한 우르두어 시성 갈립의 반열에 올랐다며 칭송하였다.

이끄발은 시와 법률 이외에 당대 사회의 부름에 따라 정치에 입문하였다. 1931년에 두 번째 원탁회의에 인도 이슬람교도의 대표 자격으로 참석하기 위해 영국으로의 여정길에 올랐었다. 이때 파리를 방문하여 당대 유명한 철학가인 헨리 베르그송(Henri Bergson)과 오리엔탈리스트인 마시공(M. Massigon)을 면담했다. 1932년 런던에서 열린 세 번째 원탁회의에 인도 이슬람교도의 대표로 참석하였다. 다음 해에 이끄발은 아프가니스탄 정부의 초청으로 세드 술라이만 나

드비(Syed Sulaiman Nadvi)와 로스 마수드 경(Sir Ross Masud)과 함께 까불 대학(Kabul University) 건립과 교육 정책에 관한 회의에 참석하기 위해 아프가니스탄을 방문하였다. 이끄발은 이 여행에서의 경험을 토대로 페르시아어 서사시인 <나그네(Musafir)>를 썼다. 1934년에 뻰잡 대학에서 문학 박사 학위(D.Litt)를 받았다. 같은 해에 이끄발은 질병으로 아내를 잃었고 그 역시 심각한 병마와 싸우게 된다. 1935년에서 1938년사이에 이끄발은 로스 마수드 경의 배려로 보빨에서 치료를 받지만 죽음에 가까이 다가가고 있었다. 당시 자와하랄 네루는 그와의 만남을 다음과 같이 기술하였다, "이끄발은 말년에 사회주의를 더욱 지지하고, 소비에트 러시아의 혁명이 그를 매료시키는 듯하다. 심지어 그의 시세계도 전환점을 맞은 듯이 보인다. 이끄발과 나 사이에 많은 차이점이 존재하지만 동시에 공통점도 많이 있다고 느끼며, 그와 격의 없이 지내는 것이 얼마나 쉬운 일인지 느끼고 있다. 그는 한 주제에서 다른 주제로 쉽게 넘나들었다. 그와 그의 시는 경이로우며 나를 늘 즐겁게 한다." 이끄발은 1935년에 로드스 강연(Rhodes lectures)에 초대되었으나 건강이 더욱 안좋아져서 참석할 수 없게 된다. 1937년에 백내장이 심해졌는데도 그는 '이슬람 법학의 재건(Reconstruction of Muslim Jurisprudence)'에 대한 논문을 쓸 계획을 세우고 있었고, '잊혀진 선지자(A Forgotten Prophet)' 라는 영문 책을 쓸 계획을 세우고 있었다. 1938년 4월 21일에 숨을 거두기 며칠 전까지만 해도 그는 루바이(Rubai, 4행시)를 쓰기도 하였다. 이끄발이 숨을 거둔 당일 저녁 2만 명에 달하는 장례 행렬이 라호르의 거리를 지날 정도로 인도 전역은 슬픔에 싸였다. 이후 유고시집《히자즈에서 온 선물(Armughan-e-Hejaz)》이 출판되었다. 라빈드라나트 타고르(Rabindranath Tagore)는 그의 죽음에 대해 "무하마드 이끄발 경의 죽음은 문학계에 거대한 텅 빈 공간을 만들었다"라고 애도를 표하였다. 시인은 라호르의 샤히(Shahi) 모스크의 문 옆에 묻혀 있으며, 시의 선율에 깃든 철학과 감수성으로 사람과 삶의 빈 공간을 채우고 있다.

카라반의 종소리

-이끄발 시선집-

초판 인쇄 2019년 3월 21일
초판 발행 2019년 3월 28일

집필진 김용정 · 고태진 · 최종찬
발행인 김인철
총괄 · 기획 가정준 Director, University Knowledge Press
편집장 신선호 Executive Knowledge Contents Creator
도서편집 박현정 Contents Creator
전자책편집 인은주 e-Contents Creator
재무관리 강현주 Managing Creator
사전 · 출판 정준희 Contents Creator
마케팅 파트장 백승이 Chief Marketing Creator
마케팅 이현진 Marketing Creator
발행처 한국외국어대학교 지식출판콘텐츠원
02450 서울특별시 동대문구 이문로 107
전화 02)2173-2495~7
팩스 02)2173-3363
홈페이지 http://press.hufs.ac.kr
전자우편 press@hufs.ac.kr
출판등록 제6-6호(1969. 4. 30)
디자인 · 편집 (주)이환디앤비 02)2254-4301
인쇄 · 제본 네오프린텍 02)718-3111

ISBN 979-11-5901-580-9 03830 정가 26,000원

*잘못된 책은 교환하여 드립니다.

HU:NE은 한국외국어대학교 지식출판콘텐츠원의 어학도서, 사회과학도서, 지역학 도서 Sub Brand이다. 한국외대의 영문명인 HUFS, 현명한 국제전문가 양성(International+Intelligent)의 의미를 담고 있으며, 휴인(携引)의 뜻인 '이끌다, 끌고 나가다'라는 의미처럼 출판계를 이끄는 리더로서, 혁신의 이미지를 담고 있다.